掌聲＼想起 鳳飛飛

方元、王美代、梁岱琦

—— 採訪・撰稿 ——

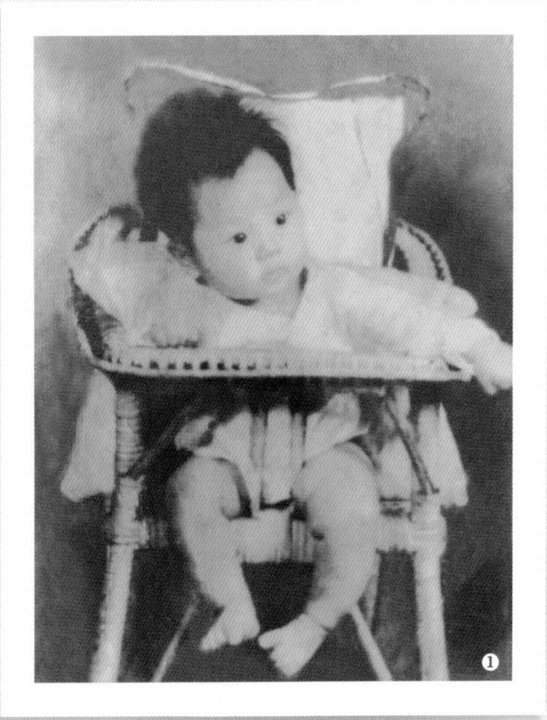

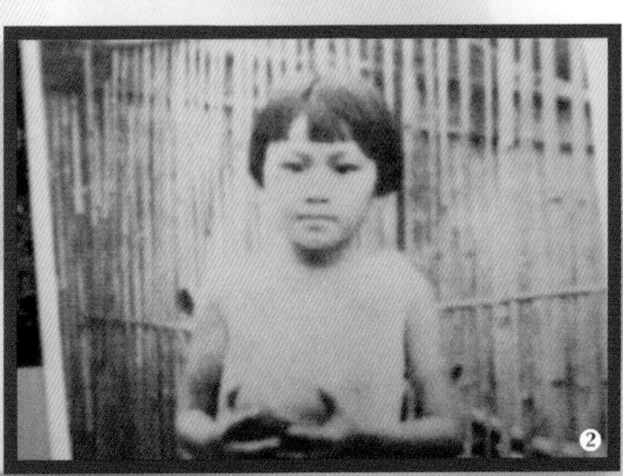

❶ Baby
❷ 小學
❸ 13 歲

❶ 與父親的珍貴合照
❷❸ 少女鳳飛飛與鳳媽、多年後母親節和鳳媽合照
❹ 和二嫂說好以後要幸福當親姊妹
❺ 錄完影長腿兩兄妹要回家

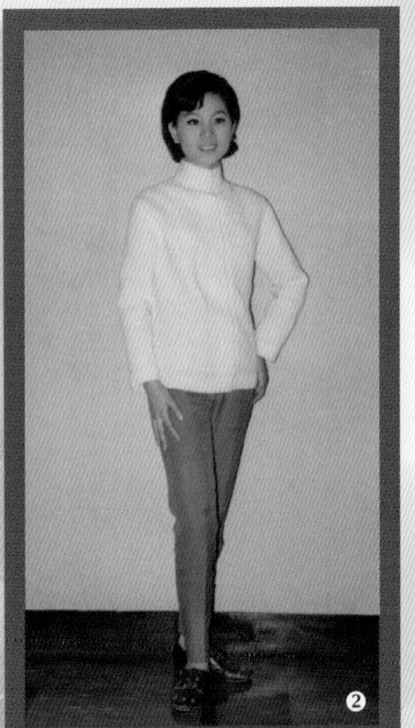

❶1975 年 10 月於馬來西亞檳城
❷ 歌廳秀時期
❸ 少有的家居照
❹ 剛成為鳳飛飛帥氣照

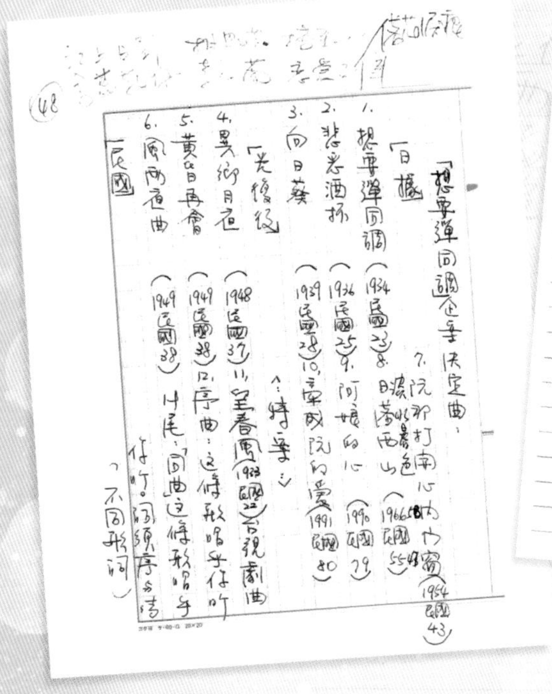

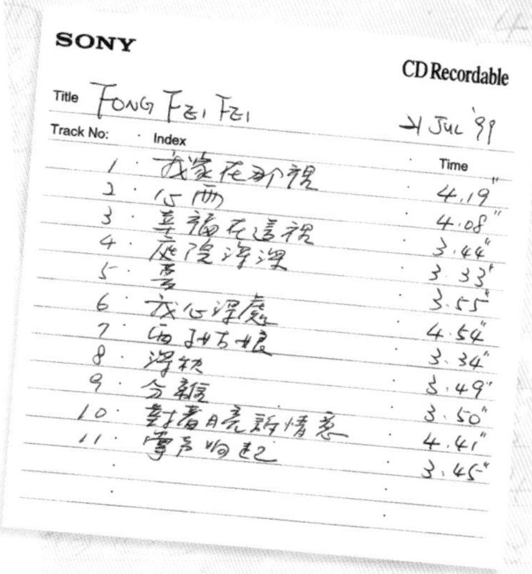

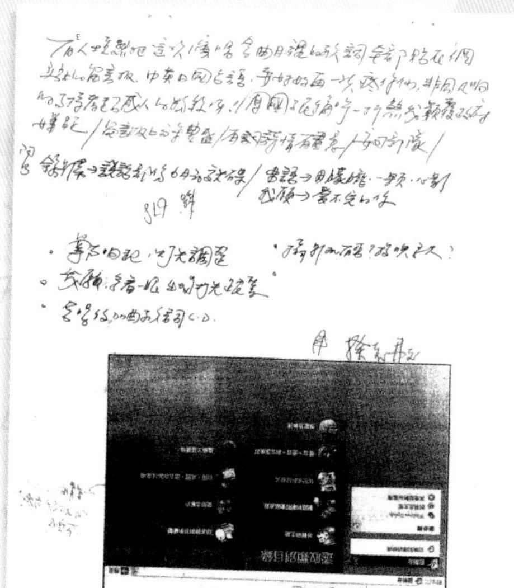

親自手寫專輯決定曲，以
及演唱會檢討手稿

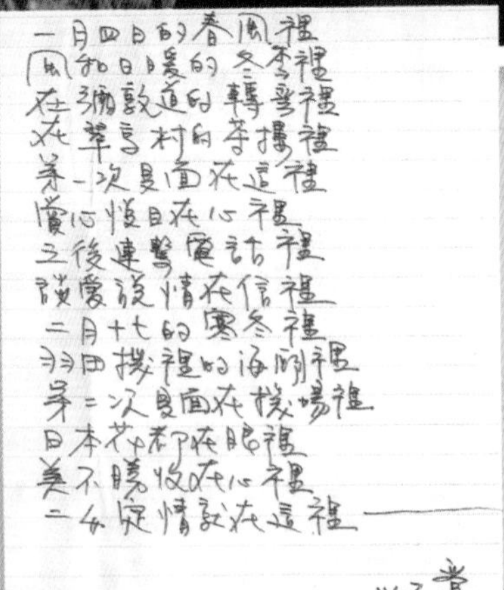

一月四日的春風裡
風和日暖的冬季裡
在彌敦道的轉角裡
在翠華村的茶樓裡
第一次見面在這裡
賞心悅目在心裡
之後連繫電話裡
談愛說情在信裡
二月十七的寒冬裡
羽田機場的海關裡
第二次見面在機場裡
日本花都在眼裡
美不勝收在心裡
一分定情就在這裡——

79.5.1 ツマ

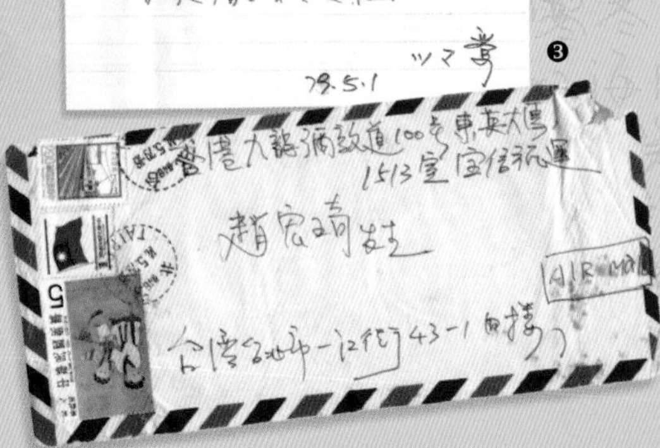

❶ 婚前出遊
❷ 小鳥依趙 曬恩愛
❸ 難得浪漫的珍貴情書

❶ 兒子滿月
❷ 家有囍事
❸ 鶼鰈情深

❶ 第一次穿裙裝與憶雲出遊陽明山
❷ B 太陪 A 太錄音
❸ 閨密 AB 太的主婦生活
❹ 與憶雲在新加坡重逢
❺ 鳳飛飛最後受訪現場，與主持人王祖壽（圖片／提供）合影

Dear Melisa 明智

手帕已收到，謝謝！

你提出的內容我會認真的想！

祝 中秋節愉快！

平安 順心

鳳飛飛 28/Sep '04

❶

❷

❸

❶ 給李明智的信

❷ 中視飛上彩虹「趙先生與趙太太」
脫口秀（王麗香／攝影、提供）

❸ 李靜美懷念跟鳳飛飛一起唱歌的時光

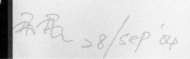

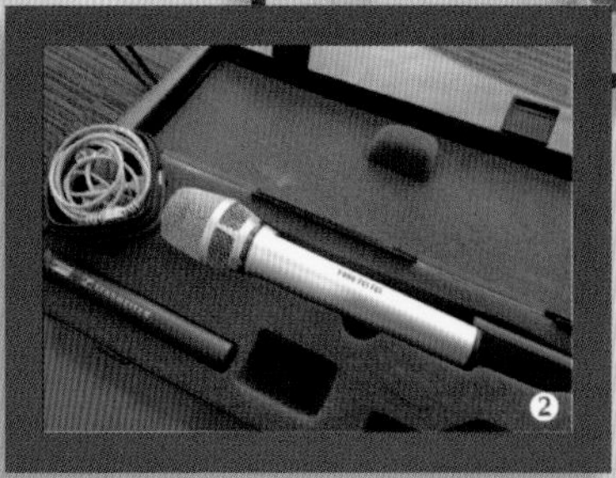

❶❷ 喜獲鳳麥

❸ 慢跑鞋、耳機與老花眼鏡是必備武器

❶❷ 帽子是標準配備
❸ 為了演出精彩熱舞也拚了
❹ 為了完美跳熱舞

❶ 最愛夜市三寶
❷ 早期與俞凱爾金門出外景（俞凱爾／提供）

貼身攝影面前超放鬆

演唱會前排練、彩排

❶❷ 演唱會必虔誠拜拜
❸ 慶功宴
❹ 演唱會彩排

❶ 招牌動作：隔空抓藥舞蹈
❷ 2010 記者會替歌迷簽名
❸ 演唱會一定要撒糖果，要大家都圓滿甜蜜

❶❷ 與歌迷互動
❸ 七仙女布置鮮花氣球於香港
❹ 七仙女秘書團

各式宣傳照片

FONG FEI-FEI
LIVE CONCERT
2007
鳳飛飛
世界巡迴
演唱會
票券熱烈搶購中！

鳳飛飛 FONG FEI-FEI
LIVE CONCERT
全台熱賣中

這是一場歲月與歌聲之旅
鳳飛飛 2005年演唱會
票券熱烈搶購中……
溫馨五月~母親節最佳獻禮
5/6 5/7 5/8
5/21
6/24 6/25
7/02
www.fongfeifei.com.tw

鳳飛飛
演唱會2003
2003 >10/31
星期五 PM7:30 高雄文化中心至德堂
2003 >11/14
星期五 PM7:45 台北國際會議中心

流水年華
鳳飛飛 演唱會
FONG FEI-FEI CONCERT

歷年演唱會文宣海報

❶ 表演板凳舞
❷ 演唱會舞台立體

❶ 飛飛大歌廳
❷ 2003 演唱會記者會，難得裙裝，自嘲烏仔腳

演唱會舞台服變化萬千

為歌唱而唱歌是鳳飛飛的堅持

每次回大溪老家，我常會到大溪河畔隨意看看，停留片刻。那裡曾是我兒時跟著父親打工一擔一擔挑著沙石走過的地方，處處充滿著回憶。

而初到台北追尋自己的歌唱夢時，我常在夜半租屋棲身的小閣樓上，邊練唱、邊看著台北燈火繁華的街景，像極了一條條交錯的河。

我的生命成長，源自家鄉的溪河，我的人生也像河水般曲折蜿蜒，不斷地起伏翻騰。而就在生命經歷了又一段瀑布激流之後，我多麼珍惜自己還擁有一個不變的夢想，讓我在歲月的衝擊洗鍊中，從不曾放棄希望。

雖然，老家河畔兒時的足跡已不復在，而深愛的人，也不會永遠留在身邊，但那些唱過、感動過的弦律，卻不曾遠去，原來他們也早已變成了河，流過了許多人似水年華的悲歡歲月。

我想，我只有繼續唱，讓他們繼續感動著、流動著

繼續歷久彌新…

寫於 2009 年 9 月 11 日深夜

目錄

1963
是一種美好而光榮的存在　受訪者／大房豆干四代 黃淑媛、黃建嘉　040

1969
沒有答應她一起在新加坡登台演唱，是我最遺憾的事　受訪者／憶雲　046

西瓜切二刀、一碗麵三人吃的友情　受訪者／李靜美　054

1974
這世我們是苦情姊妹花，下輩子要當幸福親姊妹　受訪者／二嫂 邱秀蓮　064

1976
她的歌聲已經植入我的腦袋　受訪者／穩立音響董事長 陳穩健　072

1977

愛不完的你　歌迷篇　082

很多堅持的主持人　受訪者／白汝珊、李麗芳　090

1980

那麼多歌都好好聽，說放下就放下！　受訪者／蔡縣貞（B太）　098

1982

她的歌聲是我的少女情懷　受訪者／金瑞瑤　104

飛飛沒有離開，她只是搬家，搬到我們心裡　受訪者／俞凱爾　116

她讓大眾文化向本土靠攏，她的咬字太可愛了！　受訪者／陳復明　126

只有她和我一起去印刷廠　受訪者／何啟弘　132

1984

飛在演唱會的路上——鳳飛飛最後的受訪紀錄　王祖壽　138

沒完沒了的對詞，害我不敢去廁所，快崩潰！　受訪者／趙樹海　156

1988 一封傳真 真性情也最惜情 台中市政府客委會主委 江俊龍 166
1989 我的媽媽不正常 受訪者／趙彣霖 172
1994 在她的歌聲裡得到新的力量，又能重新面對明天 受訪者／黃韻玲 180
1995 讓人敬佩的歌者、姊姊 受訪者／周詠淳 188
2002 接到有如中樂透的電話，展開十年的情誼 受訪者／李明智 196
鳳姐出招一定得要接住 焦惠芬 206
2008 初次合作是項神秘任務 受訪者／古皓 214

2009

女主角缺席的廣告片 受訪者／黑橋牌董事長 陳春利 222

「長」自台灣這片土地，〈祝你幸福〉是大家的人生平安符 受訪者／阿原肥皂創辦人 江榮原 232

因為想要跟你飛，一首歌結緣好姊姊鳳飛飛 受訪者／陳國華 242

2011

從偽鳳迷到真鳳迷，嘆人間再無鳳飛飛 受訪者／黃子佼 256

後記 掌聲想起鳳飛飛 焦惠芬 268

感謝 273

附錄

飛飛金句 276

演藝大事紀 278

1
9
6
3

是一種美好而光榮的存在

受訪者／大房豆干四代 黃淑媛、黃建嘉

那個年代，大家日子都很清苦，不過大溪很特別，因為水路的貿易路線從淡水、大稻埕再到大溪，因此大溪一直是以商業為主的小鎮。黃家（一般為人所知的「黃屋」或「黃大目」）從一九二〇年代就開始從事多種產業，第二次世界大戰之後經濟蕭條，家中食指浩繁，黃屋家族反覆研究讓豆干有獨特風味又能久放的方法，於是研發出與眾不同的大溪五香豆干，並於一九二三年開始了黃家的豆干事業版圖。

一九五九年，黃家用抽籤決定將家族事業分配給三個兒子：豆干、種田以及榨油碾米，黃家二代的長子取得榨油與碾米事業，之後又接掌豆干，第三代排行第五的黃文授依稀記得，街坊鄰居大多跟他們買米，其中有個大約十歲的小女孩，每次都像一陣風一樣，一進店門就大剌剌的說：「送米到我家。」話說完連背影都沒來得及看清楚，一溜煙就不見了。米錢呢？那個「一陣風小女生」跟其他鄰居一樣，常常都是賒帳。「在那個時候，這種事情很稀鬆平常，」四代黃淑媛笑著說。

鳳媽媽在大溪是出名的美女，大家很平均的不富裕，可是鳳媽媽卻跳脫了平均，很注意儀容，連去買菜都穿得整整齊齊，頭髮也梳得一絲不苟。為了貼補家用，鳳媽媽會做碗粿，讓一陣風小女生挑出來賣，那就是阿鸞。阿鸞總是安靜的在路邊，不賣完不回家，一看就是個乖巧而很有意志力的小女生。鎮上的小孩大多是念大溪國小，算起來幾乎全鎮的人不是阿鸞的學長姊就是學弟妹，牽來牽去一定連得上。鎮上都知道阿鸞去參加歌唱比賽得冠軍，在這純樸的小鎮，要出歌星可是一件共同的大事。阿鸞到台北去打拼了，那一陣風小女生就此暫別大溪。連續不斷的媒體報導，好消息傳回大溪，人們都知道阿鸞闖出名號了，打開電視就看到「鳳飛飛」，鎮民知道阿鸞在台北登台演唱，還大家相約包車去捧場。阿鸞之於大溪，是一種美好而光榮的存在。

逢年過節，鳳飛飛還是會回大溪，有時先生跟兒子也一起返鄉。她都很低調的到店裡買豆干，有一次，黃淑媛聽到熟悉的聲音，不用抬頭就知道是鳳飛飛來了，馬上去要求合照，相片洗出來當然要裱框掛在店裡，竟然一個不注意被偷走了！想到這裡，黃淑媛還是忿忿難平。為此，二〇一一年前，遇到鳳大哥來買豆干，黃淑媛馬上預約，「你妹妹回來記得要來店裡再合照啦！我那張被偷了」，都預約完成了耶，不到一個月，竟然等到鳳飛飛已經過世的消息。「我跟鳳大哥說的時候，其實鳳姐已經過世了，真的很傷心。」「妳欠我一張合照」，其實是難過不捨，卻說出生氣的話。生氣的是，怎麼可以離開我們？離開大溪？

一九七七年黃家發生可怕的事情，叔公把黃大目註冊後，賣給了外人，還是家人去南部進香看到招牌才知道大勢已去，用了超過五十年的黃大目三個字不能用，那怎麼辦？家族會議後，因為經營豆干事業的是二代的長子，因此以「大房豆干」重新開始。從此，黃淑媛謹記教訓，該註冊的一定註冊，不讓舊事重演。「最心痛的事就是繼續努力最大的動力」，現在弟弟建嘉掌管公司的行銷與品牌，姊姊淑媛則負責營運與店面。「我弟弟是投手，我是捕手，」黃淑媛一樣微笑著說，「當弟弟天馬行空的時候，爸爸就會踩煞車，不過很少發生。」黃淑媛對於剽竊別人的努力，以分身或模仿方式謀盜正宮地位相當反感。「我現在連提袋的設計都會去註冊，你想拍照回去模仿你拍啊，你就等著我告你！」黃淑媛身為第四代長女，有不得不保護的家族事業，因此有不得不的強悍與魄力。黃淑媛看鳳飛飛，能體會她也有不能不出人頭地的壓力，因此有不能不出類拔萃的毅力與異於常人的耐力。由此想到鳳飛飛以「雅志」為名寫的歌詞：「今天的我，超越昨天不落後；今天的我，有了最好的抉擇；今天的我，追求明天的成果。」黃淑媛說，每次跟朋友去唱KTV，十次有十次被要求「妳是大溪的女兒，妳就要唱鳳飛飛的歌」。

要去大溪，一下交流道，很快就看到月眉山觀音寺，一路開車往老街，左右兩旁盡是以木藝見長的「神桌店」，製作精緻的大仙尪仔也是大溪的人文特色。普濟堂是大溪老街上的百年宮廟，每年舉辦的關聖帝君遶境是地方大事，鳳飛飛若有空，一定會回大溪朝聖。月眉山觀音寺、普濟堂以及老家巷口的福仁宮，是鳳飛飛絕對不錯過的祈福地點。老街的小吃，也是鳳飛飛返鄉必嘗的懷念滋味，湯圓、滷肉飯、市場裡的山產溪產，是唯一讓鳳飛飛解除口腹之慾禁令的符咒，回到家吃二嫂的番茄麵，一起洗碗拖地，鳳飛飛又回到「一陣風小女生」的阿鸞。

第四代的黃建嘉說，現在的大房豆干，除了自己好也要大家一起好，也就是所謂的「共好」，持續參加地方事務並且升級大房豆干的產品，以國際規格的永續概念去經營。「國外說的未來肉，我們早就有了，就是我們的蛋豆角，」從國外念書返鄉為家族奮鬥的建嘉說：「鳳飛飛就像大房豆干的鎮店寶黑豆干，厚實料好，從黃大目第一代到現在第四代的大房豆干，一直是明星。」黃建嘉在國外念書，原本不想接管家族事業最後仍選擇回來跟家族一起努力，跟鳳姐的時空交集有限，但是以擅長行銷與品牌建立的黃建嘉，對於大溪特產有專業而客觀的定義：「大房豆干、大仙尪仔跟鳳飛飛」。

（王美代／採訪）

1
9
6
9

沒有答應她一起在新加坡登台演唱，是我最遺憾的事

受訪者／憶雲

像是回到了赤峰街那兩坪大的小雅房，人在新加坡的憶雲，說起那段與林茜「同居」的日子，彷彿重回少女時代，當年彼此的惡作劇、被林茜踢下床的往事，憶雲邊說邊呵呵地笑起來。

憶雲是民國五十八年時，在姊姊的介紹下到延平北路的蓬萊閣駐唱，在那裡認識了還叫林茜的鳳飛飛，兩人年齡相仿、個性互補，成了談得來的好朋友。那時林茜一個人在赤峰街租了個雅房，房租壓力大，想找憶雲一起分擔，「我住在南機場，每天坐巴士去延平北路、晚上再叫計程車回來。我姊本不允許，我跟她說妳算一算，是每天這樣往返，還是租房子划算？」對憶雲管教嚴格的姊姊考慮很久後答應了，從此憶雲和林茜就從同事升級成了室友。

合住的雅房約只有兩坪多，裡面有一張床、一個小衣櫃、一個小電鍋，憶雲和林茜過起了她們貧窮卻快樂的小日子。「我們剛出道沒什麼錢，薪水都給了家裡，尤其是林茜，她的壓力特別大，我還好，還有個姊姊。」那時為了省錢，常中午林茜煮一鍋飯，兩人隨便吃，晚上演出結束後，再一起到圓環叫一碗米粉炒或一盤蚵仔煎，分著一塊吃。有時憶雲回南機場的家，要回赤峰街租屋處時，會順道帶個便當回去給林茜。

在憶雲眼中，林茜是個自律嚴格的人，不管前一天演出多晚，每天一定清晨四點起床練發聲，從沒間斷過，「我就沒有，我很懶，她每天叫我起床練發聲，叫我叫不動，就把我踢到床下。」林茜非常調皮，竟把糖、鹽、辣椒塞到呼呼大睡的憶雲嘴巴裡，有時則拿眉筆在熟睡的憶雲臉上作畫，「我醒來後很生氣，對她說，妳等著瞧！」憶雲找到機會也作弄林茜，林茜一發怒，憶雲反過來質問，「我做的才沒妳那麼過分。」這些吵鬧和惡作劇，多年後回想，都像是那段苦日子裡的調味劑。

那時她們只有十六、十七歲，還是天真無邪的少女，憶雲大林茜幾個月，常去她們雅房作客的李靜美，則大她們一歲。「林茜常罵我糊裡糊塗過日子，她非常懂事，更像是我姊姊。」憶雲記得林茜曾認真地對她說：「有一天，我會讓人家知道我是誰。」後來她的確做到了。「她也必須要這樣，她媽媽管教很嚴格，不像我，還有個姊姊可以幫我分擔，」憶雲說。

在真善美駐唱時，某次樂手約她們到陽明山玩，兩人一塊到圓環買了一模一樣的短裙和鞋子，林茜因小時候被開水燙傷，左腳留下傷疤，一直羞於穿上裙子，憶雲鼓勵她，「妳個子高，修長又苗條，穿短裙很漂亮！」最後在憶雲「妳不穿、我就不去」的威脅下，林茜套上兩雙絲襪，遮住腳上疤痕後，生平頭一回穿上迷你裙。「多美，多可愛，」憶雲忍不住稱讚身著迷你裙的林茜，姊妹淘開心做著一樣的打扮上陽明山玩，「洋人看到我們都覺可愛，還幫我們倆拍照。」

憶雲和林茜一起住了一年多後，憶雲同為歌星的姊姊先赴新加坡，沒多久也安排憶雲一塊去新加坡。那時的通訊不若現在方便，要打越洋電話更不是件簡單的事，兩人逐漸失去聯絡，憶雲在新加坡曾聽到有位叫鳳飛飛的歌星唱了首〈祝你幸福〉的歌，那時她根本不知道誰是鳳飛飛，直到看到唱片封面才恍然大悟，「這不是林茜嗎？」那個當初一起擠在小房間、共吃一碗蚵仔麵線的林茜，終於像她當初對自己許下的承諾，成了家喻戶曉的紅歌星了。

有次憶雲要從新加坡到日本，在台灣過境三天，她跑到赤峰街的房子，沒想到那時已經錄了唱片的林茜還住在裡面。「她正在睡午覺，我拍拍她，她還以為是我媽媽，」兩人抱在一起又笑又哭，難得重逢後，林茜要憶雲陪她到電視台錄影，「後來我就到日本了。」

兩、三年後，憶雲身邊有了點錢，曾打越洋電話找林茜，但她那時已開始走紅、賺錢，鳳媽媽在台北買了房子，當然也就搬離了赤峰街簡陋的雅房了。憶雲告訴自己，「她已經紅了，變成名歌星了，一定也有自己的朋友，我還是不要打擾她，」只敢遠遠地關心這位老友。後來，跟很多人一樣，憶雲從媒體上得知林茜結婚的消息，「我結婚、她也結婚了，但她比我晚半年。」兩人各自有自己的家庭，少女時期的往事，憶雲打算就留在心裡，一直到某天林茜在電視節目裡尋找她，才重新喚回這段情誼。

民國八十三年，鳳飛飛當時在《點燈》裡呼喚憶雲，她在節目裡提到自己上個月在配唱新歌〈陪傷心人說往事〉時，唱了一整晚，製作人陳揚不滿意，要求可不可以把感情再融入一點。因歌詞寫著「時光似箭，我久違的朋友是否一切如願」，陳揚要求鳳飛飛以期盼一位老友的心情來演唱這首歌，「我就想，要想誰呢？啪一聲就想到憶雲，整首歌就在思念著憶雲的心情下唱完了。」鳳飛飛在《點燈》節目裡形容，在自己最灰色、心情最低落、最不如意時，幸好有憶雲這位朋友，「不只有個談話對象，有個朋友在旁安慰妳，還不用餓肚子」，是她長大後第一份難得的友誼，所以透過《點燈》希望能找到失聯多時的好友，鳳飛飛最後在節目尾聲呼喊：「憶雲，如果妳看到這畫面，趕快跟我聯絡！」

結果憶雲沒看到這畫面，而是有天朋友打電話給她說，「有個叫鳳飛飛的在找妳。」當下她嚇了一大跳，「心想有這麼嚴重，要在電視上找我！」只是又沒有鳳飛飛的聯絡方式，憶雲想到自己認識一位記者，拜託這位記者打聽，要不然就打給《點燈》，「至少讓她知道我在新加坡，給她安心一下。」後來這位記者表示沒辦法直接給憶雲電話號碼，希望能拍張照片，證明她就是憶雲，結果隔天這張照片上了新加坡報紙的頭版新聞，「我氣死了！」那時憶雲已改行做導遊，在媒體上曝光對她造成很大困擾，「我那時到機場都要戴上墨鏡。」但幸好還是聯絡上了鳳飛飛，兩個月後，她就飛來新加坡找憶雲。

相隔多年，兩人再重逢，鳳飛飛劈頭就罵了憶雲一頓，責怪「妳怎麼可以失蹤這麼久」！憶雲無辜地回答：「我以為妳紅了，有其他的朋友。」憶雲是鳳飛飛心中的「患難之交」，「我沒東西吃時，妳回家帶便當給我。」憶雲自己都忘了這些事，但她記得要出國前，「有把一些禮服、套譜和剩下的零用錢都給了林茜。」就是這些點點滴滴，讓鳳飛飛謹記在心。

後來，鳳飛飛每到新加坡演出，一定會邀憶雲來看，「她的諾言真的實現了，成為了一位成功的藝人，而且沒有什麼花邊新聞，她一向是很有原則的人，答應的事一定會做到。」憶雲透露，自己有段時間很低落，鳳飛飛曾跟她說可以幫她解決困難，「她要我不要客氣，說說看，我就說了，她就真的幫了我。」

兩人認識多年，一路以來從來沒吵過架，「如果她心情不好，我就不去吵她，我是原住民，比較單純，都是她叫我要小心這、小心那。」

在憶雲眼中，鳳飛飛是個非常懂事、非常孝順的女兒，有次她從新加坡回來一起吃飯，席間鳳媽媽不知為了什麼事不高興，猛捏鳳飛飛的大腿，憶雲見狀心疼，忍不住對鳳媽媽說，「她又沒做錯事，我好不容易見到她，妳不要這樣。」這不是憶雲頭一次見鳳媽媽如此，「我們剛出道時，她媽媽有次也是這樣捏她腿。」個性單純的憶雲總是勸鳳媽媽，「林茜那麼乖，妳捨得捏她？」

最遺憾的是，二〇〇四年時鳳飛飛曾邀憶雲一起在新加坡演唱會上合唱，「我那時候身材腫了，又有幾十年沒唱，心情上有一些自卑」而婉拒了邀請，「我跟她說，做朋友放在心上就好，不一定要在台上，」但憶雲相信當時鳳飛飛一定很失望，「我很後悔，那時為什麼不肯答應，這成為我最遺憾的一件事。」

二〇一〇年鳳飛飛到新加坡，演唱會結束隔天早上與憶雲一起吃早餐，「我看她臉色不是很好，叫她記得回去要看醫生。」因那時憶雲的先生罹癌，她對好友的健康狀況很敏感。鳳飛飛回香港後，「隔了四個多月，我作夢夢到她一直哭，」起床後憶雲第一時間打給她，叮嚀一定要記得去看醫生，後來自己的先生頻繁進出醫院，憶雲忙著照顧，也就無暇多與鳳飛飛聯絡。

「她比我先生早一個月走的。」二〇一二年時憶雲曾試著要與鳳飛飛聯絡，但電話一直打不通，打給她的助理也不接，就在她辦完先生的喪事回家時，一打開電視就看到鳳飛飛過世的消息。

「神經病！」當下憶雲無法置信地把電視關了，過一會再把電視打開，又是同樣的消息，她忍不住大哭，連女兒來叫她都沒反應。「我先生走時，我沒怎麼哭，反而是她走了，我哭了好幾天，」在憶雲心中，「我們不是普通朋友，她是我的妹妹、我的恩人，我們感情更勝過親姊妹。」

憶雲曾經最喜歡鳳飛飛〈溫暖的秋天〉，以前只要是宴會或是去KTV，她都會唱這首歌，但自從好友走了後，憶雲就不再唱了，免得傷感。

「我無時無刻不想她，」憶雲家裡客廳放著鳳飛飛的照片，「我每天跟她講講話，早上會說 Good Morning。」兩人曾相約孩子長大、退休後，憶雲要帶著林茜四處吃她沒嘗過的小吃，林茜先走一步，憶雲對著她的照片說：「妳在那裡過得很幸福，以後看到我，記得要叫我哦！」

（梁岱琦／採訪）

西瓜切三刀、一碗麵三人吃的友情

受訪者／李靜美

回憶像是一首熟悉的老歌，在李靜美心中溫暖地唱，她總是習慣叫她阿鑾，就像五十多年前一樣。那時，她們還是十多歲的小歌女，每個人肩上扛著沉重的家計，在不同的歌廳流轉，一場唱過一場。她叫她阿美、她還是阿鑾，阿鑾是優秀的歌手、孝順的女兒、很棒的朋友，想起阿鑾的好，阿美忍不住哭了，流下的眼淚是滴滴的不捨，下次想起阿鑾時，也許唱一首她最愛的台灣民謠，一字一句慢慢唱出心裡對她的思念。

「那時候她已經紅了，」李靜美說，曾經在電視台後台巧遇，「她把我吃一半的餅乾搶過去，咬一口後，還轉過頭對我做鬼臉！」這是她心目中的鳳飛飛，就算已經是家喻戶曉的紅歌星，永遠是當年一起在歌廳跑場、淘氣的小歌女阿鑾。

李靜美與鳳飛飛兩人結識起源於民國五〇、六〇年代的歌廳駐唱文化，父親曾是省立交響樂團的長笛手，組了個孔雀輕音樂樂團，李靜美很早就開始走唱生涯，「我是從一場八十塊的結婚晚會開始唱起。」李靜美應徵進國聲酒店時，鳳飛飛已在真善美歌廳駐唱，兩間店位於樓上、樓下，李靜美趕場時認識了年齡相仿的鳳飛飛和另一位歌手憶雲，那年她十八歲、鳳飛飛和憶雲同年都十七歲。

那年代到歌廳、酒店聽歌，是種時髦的休閒活動，李靜美細數全盛時期光是西門町就有日新、麗聲、七重天；圓環一帶則有國聲、真善美、金龍、小麒麟等。歌廳駐唱歌手是簽約制的，一周七天不間斷，每晚固定登台演出，一個晚上至少要唱上三場，第一場七點是晚餐場，台下觀眾邊用餐、邊欣賞演出；第二場是九點，席間會附上一杯茶，讓用完餐的觀眾享用；第三場則是十一點的宵夜場，通常附上的是稀飯、小菜；李靜美記得有時宵夜場唱完都已經半夜一、兩點了，周末假日則會再加演一場下午場。

每個在歌廳駐唱的女孩都是為了家計，她們常是家裡唯一的經濟支柱，李靜美細數，那時一個月駐唱的收入大約是一千五百至一千八百元，「我因會唱日文和閩南語歌，所以拿二千八百元，聽說是最多的。」但這樣仍遠遠不足，為了賺更多的錢，常身兼多家歌廳、酒店的駐唱歌手，跑場對她們來說是稀鬆平常的事。李靜美最多時曾一天連跑五家，當時歌廳節目流程緊湊，一向是不等歌手的，她曾剛趕到後台就聽見自己歌曲的前奏已經響起，顧不得還在喘，樓梯三步當作二步爬，趕緊提著裙子上台演唱，也曾因日復一日唱太多場，不僅聲音唱到啞，甚至唱到嗓子都流血了。

當時家住桃園的阿鸞為了趕場方便，和一塊駐唱的憶雲在赤峰街一帶合租了個雅房，周六、日唱完加演的下午場，距離七點晚餐場還有段時間，李靜美中間空檔不知該去哪裡，「阿鸞和憶雲就邀我去她們住的地方。」三個人因此結下了同甘共苦的好感情。正值青春年華的三個女孩，本該是無憂無慮的年紀，卻得背負家中經濟重擔，只能在苦中作樂。李靜美想起當時的種種，忍不住微笑說：「因為賺的錢都拿回家，三人身邊沒錢，想吃西瓜買不起三片，乾脆叫老闆把一片切二刀，剛好分成三份，一人分到一小塊。」月底沒有錢時，她們會到麵攤叫一碗一塊半的麵，三人分著吃，然後拿一堆麵攤供客人自取、不用錢的鹹菜來配，李靜美笑說：「吃到後來麵攤老闆看我們來，都怕得趕緊把鹹菜收起來。」這段「西瓜切二刀、一碗麵三人吃」的歲月，至今仍是她一再回味的往事。

在阿美眼中，阿鸞好省，但那個年代誰不是如此？歌廳登台演出的妝髮都得自己來，後台常可見歌手們埋頭做「女紅」，李靜美笑說：「我有件禮服，衣服上的整隻孔雀都是我自己縫上去的。」那時蜜斯佛陀粉餅一盒兩百五十元，「我哪買得起！有一盒五十元的水粉餅用就不錯了。」歌手們彼此會幫對方補妝、弄頭髮，「我的頭髮很少，阿鸞都會幫我噴好多髮膠。」李靜美笑說。

趕場賺錢的歌廳歲月裡，相較其他女孩，聰慧的阿鸞早早就顯露了事業上的野心，「阿鸞非常有理想，以後的事她都想好了，哪像我傻呼呼的，只要有錢賺就好。」李靜美記得當別人忙著穿梭歌廳、夜總會趕場賺錢時，鳳飛飛反而往酬勞較少的電台、唱片界發展。「電台唱一次才一百二十元」，她唱電台不是為了錢，後來得知鳳飛飛與唱片公司簽約，李靜美心裡雖羨慕，但也清楚知道「被綁在那，錢又好少」，她沒辦法只領唱片公司那一點酬勞，相較有理想、有抱負的阿鸞，阿美跟其他人一樣，寧可把檔期排滿，一場唱過一場。

後來，李靜美赴新加坡駐唱了十六年，「我在台灣唱一個月領兩千八百元，在那裡一場就有兩千八百元。」出國後斷了聯絡的音訊，等她再回來，阿鸞已成了家喻戶曉的鳳飛飛了。本以為阿鸞變成大明星後，不會記得她，但鳳飛飛永遠幫阿美留個位置，「我像是她的班底，她有秀一定會把我排進去；也常找我上她主持的綜藝節目。」李靜美知道，鳳飛飛雖不會當面說好聽話，對朋友的關心卻不曾減少，有次李靜美應邀上台視的《飛上彩虹》，她表演完後，鳳飛飛走過來拍拍她肩膀說：「阿美，妳唱歌都沒變，一點都沒油掉。」聽到這樣的稱讚，李靜美開心放心底。

最讓李靜美感動的是，當年她接下中視《大舞台》的主持工作，同時段前一個節目正是鳳飛飛的《你愛周末》，《大舞台》節目開播第一集居然安排了鳳飛飛唱開場，「她先出場，唱完後介紹我出場」，同時將麥克風交給李靜美，象徵將《你愛周末》時段交棒給《大舞台》。以當時鳳飛飛的聲勢，根本無需為他人的新節目作嫁，但她是個重感情的人，阿美要挑大梁主持節目，阿鸞當然要力挺，這份情意直至今日，李靜美談來仍是永誌難忘。

一起在歌廳駐唱時，李靜美就認識了鳳媽媽，那時在鳳飛飛的租屋處常會見到鳳媽媽，「月底時，阿母都會來拿錢。」李靜美跟著鳳飛飛一塊叫鳳媽媽阿母，這聲阿母也牽起兩人多年的緣分，鳳飛飛到中視主持節目後，有時鳳媽媽看著演出來賓名單會問：「阿美咧？把她排下去。」鳳媽媽對她的好，李靜美記在心中。後期鳳飛飛較少回台灣，母親節時李靜美會邀鳳媽媽一起聚餐，過年時鳳媽媽則會請她和劉福助到安和路的家裡吃飯，一直到李靜美因腰椎開刀，花了三年時間恢復，當時怕鳳媽媽擔心因此斷了聯繫，「等到翻到大哥（鳳飛飛大哥）的聯絡電話，才知道鳳媽住進安養院，人也逐漸失智了。」

李靜美記得曾到安養院探望過鳳媽媽兩、三次，「到後來她已經不記得我，」還把李靜美當成小時候的同學，抓著她一起唱兒歌。李靜美曾試著問鳳媽媽知不知道鳳飛飛過世一事，「鳳媽媽總是把話題岔開，我想她心裡應該知道，只是不想面對。」

「我以前的男朋友和鳳飛飛的先生是好友。」李靜美有時會飛到香港找她，在旁人眼中鳳飛飛是嫁入豪門，但在李靜美眼裡，她仍保有純樸的個性，「她一點少奶奶的架子都沒有，對傭人都很客氣地尊稱阿姐，我很愛逛街，她完全不喜歡。」鳳飛飛有著堅韌的性格，再苦再累都不會說，委屈也是往肚裡藏，「我常跟阿母說，阿鸞很孝順。我去香港好幾次，在吃飯的場合，阿母有時不滿意就發脾氣，我都跟阿母說不可以這樣子。」

二〇〇三年鳳飛飛在台北國際會議中心舉辦演唱會，曾留票給李靜美，但她有事沒去，沒想到再也沒機會了。二〇一〇年時，李靜美因參加慈濟的演出，出國過境香港，時間雖然匆忙，她還是約了鳳飛飛出來喝下午茶。「臨時約她，她沒化妝，臉色不是太好。」那時鳳飛飛老公趙宏琦剛過世不久，很多事李靜美覺不好多問，「我看她臉色不好，想說不要聊這個好了。」沒想到這是她與鳳飛飛的最後一次見面。事後李靜美責怪自己，「就是少了那麼一個提醒」，她很早就知道鳳飛飛身體不好，也許當時多提醒一點、多表達些關心，她就不會走得這麼快。

李靜美和鳳飛飛一樣都很喜歡台灣傳統歌謠，因從小受父親感染，李靜美對將台語傳統歌謠以交響樂團編制重新演繹，有一份親切感，曾與上揚唱片合作，演唱由莫斯科國家音樂院管弦樂團演奏的鄧雨賢創作歌謠。「阿鸞也是這種個性，想把大家認為的菜市仔歌改編得更精緻。」李靜美十分喜愛鳳飛飛的《想要彈同調》，當時還自己自掏腰包買了這張專輯，《想要彈同調》裡收錄了民國二十年代以來的多首台灣歌謠，當年甚至請來吳念真、小野等人參與，並以現代手法重新編曲。因與鳳飛飛抱有相同的理想，讓李靜美更佩服這位昔日好友，「她永遠知道自己要做什麼，從最早的《鳳懷鄉土情》節目到《想要彈同調》專輯，台灣歌謠受到重視真的要感謝她。」

李靜美記得，「以前會覺這歌這麼難唱，不想唱。阿鸞會勸我勤勞一點，多練兩遍高音就上去了」、「再怎麼歹唱，唱起來就是妳的」，阿美在節目上常跟阿鸞一起合唱，兩人無需特別設計，舉手投足就能展現好默契。如今再沒機會與這位好友共歌了，但阿鸞的歌聲和笑容始終在阿美心中，就像那一首首經典的台語歌謠，無論時間如何流逝，永遠不會被人們遺忘。

（梁岱琦／採訪）

1
9
7
4

這世我們是苦情姊妹花，下輩子要當幸福親姊妹

受訪者／二嫂 邱秀蓮

「我跟阿鸞是苦情姊妹花。」二嫂一見面就先哈哈大笑說出這句話。二嫂的年紀跟鳳飛飛相近，身材身高也幾乎無二，婚後跟沒有姊妹的阿鸞很快成了好朋友，連衣服都穿來穿去。

只要嘴巴沒有緊閉的狀態下就覺得在燦笑的二嫂羞赧的說，當年自己父母家住在大溪鎮外，生活跟腦筋都很單純，當小姐的時候，在電子公司工作，每天規律的上下班，平凡的日子，因為沒得比較因此從來不覺得乏味，反而覺得很滿足、很平靜。

有一年，公司的尾牙請了一位歌手來唱歌，她叫做林茜。

「我覺得這個女孩子唱歌怎麼那麼好聽？尤其是她唱的〈寒星〉，我覺得唱得

很好而且很有感情。」那是她第一次遇見阿鸞，聽阿鸞唱歌。

林茜的二哥（林鴻明）跟自己的哥哥是朋友，鴻明常會到公司找秀蓮，給她送點吃的討好她，秀蓮傻傻的收下，她不知道那就是在追她的意思。公司的守衛跟鴻明的爸爸是朋友，跟他說：「你兒子怎麼常來我們公司啊？是不是在追女朋友？」有一次，鴻明來找哥哥聊天聊太晚，還藉故留下一起吃晚飯，只為了多看她幾眼，看有沒有機會攀談聊上幾句。鴻明告訴她說，他的妹妹在唱歌，叫鳳飛飛，去作秀他都要去幫忙，秀蓮搗蛋的說：「你是去幫忙還是去聽歌？」

「有一次鳳飛飛要去新竹演出，鴻明問我想不想去？那時候我已經知道林茜就是鳳飛飛了，我很開心的說要跟。」到了現場，鴻明還幫秀蓮介紹認識很多人，秀蓮覺得眼花撩亂、應接不暇，不過當鳳飛飛上台演唱時，她的眼光被拉回舞台，秀蓮又陶醉了，她覺得同一首歌別人唱都沒有那麼好聽，轉音也轉得沒她漂亮。

鴻明家來提了四次親，媽媽都不同意，因為覺得還年輕，最後秀蓮哥哥說，鴻明這個年輕人很努力很拚，是個好對象，而且家事可以慢慢學，公公也跟媒人婆說，婆婆跟大姑（鳳飛飛）在台北忙，所以家庭成員很簡單。於是媽媽同意了。

秀蓮生了兒子，還不到一歲，就因為大伯跟大嫂搬回大溪老家，婆婆那邊沒有人照顧，於是就跟先生孩子一起上台北跟婆婆、阿鸞住在一起，白天在家操持家務，精於廚藝的婆婆操兵式的教導，連芹菜切多長都有規矩，婆婆常邀請工作上的長官們到家裡吃飯，秀蓮要負責料理一桌子的菜，讓賓主盡歡。有一次知名的製片裴祥泉到家裡來，做番茄麵給大家品嘗，大受好評，阿鸞也好愛吃。秀蓮馬上請裴製作傳授手藝，後來鳳飛飛二〇一〇年在馬來西亞雲頂開演唱會時，秀蓮把番茄麵跟滷三層肉做好冷凍，再用報紙層層包裹，放在行李箱裡面帶過去，阿鸞吃得超開心！

秀蓮回想起剛到台北一江街跟鳳媽、阿鸞同住時，因為兒子還小又要做家事，對附近也不熟，連要去哪邊買菜都要一路走一路問，有時候想帶兒子到樓下公園透透氣都沒辦法，難免感到沮喪。阿鸞有空時會陪她聊天，勸她要注意健康、要休息、要忍耐，轉過身就去幫忙陪姪子海洋玩、幫他洗澡，有一次還因為幫忙做家事摔倒，幸好只是擦挫傷。這兩個沒有血親關係卻情同姊妹的女子，就這樣一起熬過那些辛苦奮鬥的日子。有一次秀蓮衣服沒帶夠，阿鸞拿自己的睡衣給她穿，隔天一早起床，鳳媽媽誤認是阿鸞，著急的說：「妳這個查某囡仔，那麼早起床幹嘛？」等秀蓮轉過頭來，鳳媽才發現認錯人了。

秀蓮笑說：「我跟阿鸞不只是常互相鼓勵打氣，也常一起被罵、互相消氣。」

「阿鸞跟我年紀相近，與其說是我的小姑，更像是我的姊妹。」算命的說秀蓮的長子命中缺水，阿鸞說那就取個小名吧！海洋的水夠多的了吧？就叫「海洋」。「阿鸞很顧家，兄弟的小孩她都當成自己的小孩來疼愛、照顧。過年若沒有去演出，阿鸞都會回大溪過年，家人一起吃飯聊天，到最後一個一個都落跑剩下我陪婆婆喝點小酒，因為我娘家八個孩子都有點酒量。」至於阿鸞？早就跟秀蓮眼神確認後速速撤退了！阿鸞跟兄弟們就是這樣，在鳳媽生氣時，大家都用眼神交流討論策略，鴻明膽子比較大，通常會打前鋒，先開口勸，若沒有奏效，就兵敗如山倒、大家跑光光！

鳳媽喜歡阿鸞穿得淑女高尚，偏偏阿鸞喜歡穿牛仔褲，有一次鳳媽要秀蓮把那些牛仔褲都拿去泡水，讓阿鸞出門沒得穿，只能乖乖穿鳳媽喜歡的服飾。秀蓮笑說：「她要不是這麼像男生，怎麼會小時候跟人家拚輸贏，結果把耳朵弄壞了？而且她還用鍋蓋跟哥哥弟弟打架！」在當下，阿鸞可能認為自己是羅馬戰士吧？

「阿鸞喜歡踏青到郊外走走，有一次剛好有空，我們一起去了陽明山還拍了很多照片，阿鸞上台是歌星，下了台就是我的小姑，看到地板髒了就拖、吃完飯捲起袖子就去洗碗，完全就是一般的女孩子。」二〇〇三年台北的演唱會，阿鸞幫秀蓮留了國際會議中心第六排中間的座位，她說那個位置很舒服，還要我演唱會後到後台找她。「我沒有去！我想說唱三個鐘頭應該是累垮了，後台那麼多人要去跟她打招呼，我就不要去了。別人演唱會還有嘉賓來穿插一下可以喘口氣，可是她都沒有。」秀蓮告訴阿鸞：「妳一連要唱幾天，那不是普通人做得到的，妳應該要早點休息，我跟鴻明、小孩說，我們快點回家不要去打擾。」

二〇〇五年演唱會唱到台南時，會後阿鸞有出來幫歌迷簽名、大合照。她經過長長的隊伍時，看到秀蓮在人龍中排隊，阿鸞笑到彎腰，「妳在排什麼隊啦？」秀蓮說：「我不想讓歌迷覺得不公平啊！」阿鸞笑著要助理把秀蓮拉出隊伍然後快步去簽名。

後來，鴻明病了在醫院，秀蓮還要上班，所以醫院那邊請了看護。有一天，阿鸞突然從香港飛回來直接去醫院看鴻明，看完之後當天又飛回香港，在去機場的路上，阿鸞打給秀蓮說：「那位看護要馬上換掉！我剛去醫院時鴻明有痰，看護都沒有幫他處理只顧著聊天。我有先幫他清了！我們要互相加油。」秀蓮聽了很生氣，顧不得手邊的事，馬上衝到醫院去把看護解僱，冷靜下來之後，想不透為何阿鸞說我們要「互相加油」。

原來那時候宏琦也病了，但是阿鸞沒有說，我們都不知道。

那天，我正在上班，我同事跟我說：「哎呦！妳看新聞在報，妳小姑去世了。」我嚇到快暈了，想說不可能是真的，大概是整人節目那種的吧。可是過了一會兒，電視新聞還在講！難道是真的？

想念她時，我會放她的歌來聽，鍋子洗乾淨了再洗一次，地板拖了再拖一次，慢慢想、慢慢念、慢慢笑。我到現在還是最喜歡小姑唱的〈寒星〉，我想再回到第一次看到林茜的那一天，在公司尾牙宴上。

我很崇拜她，因為緣分竟然能成為家人，下輩子希望能當幸福過日子的親姊妹。

當心情不好時，朋友常勸我們不要想太多，雖然聽起來是很沒路用的一句話，看到很愛笑的二嫂，原來真的是不要想太多，該做的去做，忍過就過了！

（王美代／採訪）

1
9
7
6

她的歌聲已經植入我的腦袋

受訪者／穩立音響董事長 陳穩健

請年輕藝人向鳳姐看齊

二〇〇三年，那是鳳飛飛相隔多年後復出辦的某一場演唱會，陳穩健已經檢查過各個點，終於有較長的一段時間在觀眾席看舞台上的她唱歌，舞台上還有寫著他公司名「穩立音響」大字的喇叭。

一別經年啊，曾經跟著鳳飛飛跑歌廳秀、晚會，也在電視台替她的《飛向彩虹》節目做音響，陳穩健聽著熟悉的、專屬鳳飛飛的歌聲，這樣的歌聲和技巧，還是只有她能夠。

期待著長長久久替她做音響，包括後來排程上的萬人台灣歌謠演唱會，等啊等，陳穩健等到的是鳳姐辭世的新聞。

做過國內外大大小小各類演出現場音響工程的陳穩健只想說：「大家向鳳姐看齊吧。」

創業維艱

穩立音響是國內首屈一指的專業音響公司，創立於一九七七年，從三人擴編至今六十人，四十五年來見證國內歌廳秀、晚會、電視與演唱會市場的變化，將音樂輸送給觀眾，幾乎在有音樂的地方，就有穩立。董事長陳穩健因此也見證了眾多歌手的起起落落。

陳穩健有音樂背景，學過古典鋼琴、中學參加軍樂隊、高中組團打爵士鼓，在憲光藝工隊服役期間即偷偷兼差，年紀輕輕就在當年石門水庫附近的芝麻酒店，登台演出兼當小老闆給樂手發薪水。

這樣持續了半年多以後，陳穩健不想再過這種菸、酒、夜生活接隔日工作的生活，滿腦子商業模式的他想創業。環顧當時業界，演出者都要自備設備，沒有專業的服務，他想做這一行，但父親反對。

陳穩健還是借了個地方，擺了兩張辦公桌，和女友、另一位朋友，三人搞起創業，但前三個月都是零收入，朋友就放棄跑了。

怎麼辦？陳穩健買了地圖，將公司方圓一、兩公里的範圍圈出來，開始掃街。在那個年代，公共電話尚未普及，店面都會在櫃檯放置投幣式電話機，但凡能跟公司業務沾點邊的，他就去貼廣告小貼紙，一旦有人來電，即使是「孤兒」的音響系統，他都提供最好的服務與建議。陳穩健想的是，貼一百張只要有三個人來電就好了，結果此法大為成功，公司業務迅速成長。

轉型與成功期

當時沒有像穩立這樣的音響公司，類似的服務只能提供「放大音量」，就是布袋戲、歌仔戲室外演出時需要的那種，專業度自然沒得比。

到一九八〇年代迎來了轉捩點，當時有位經紀人想邀中視帶狀節目《青春樂》

的奧斯蒙兄妹（Donny & Maire Osmond Show）來台開演唱會，老外長長的需求清單都看得懂，問題是沒有那些設備。陳穩健出奇招，跟主辦單位說他來做音響，不用錢！但是六場六萬張入場券背面廣告的權利給他，轉身去找來功學社以廣告交換設備，這在當時是前所未有的模式，也讓陳穩健穩坐大型演唱會首選寶座。有了實戰成績，也有了人脈，後來幾乎所有西洋明星的演唱會都被他拿下，同時也吃下國語演唱市場，連香港張學友等巨星進台灣，都是穩立做的場。

在這期間，陳穩健也接觸電視節目，認識當時要在台視開新節目《週五大家見》的邱復生。

早年老三台為大，但音響比較陽春，即使如《五燈獎》有大樂隊編制，也只用兩支麥克風收全部樂隊的聲音。陳穩健與和鳴、麗風兩家錄音室很熟，知道一個樂器配一支麥才叫專業。才二十出頭的他賭著一口氣，「一定要做得跟別人不一樣，一定要讓你們服氣」，陳穩健就拿出每種樂器一支麥克風單收的做法，加上他對音樂的理解，與樂手們溝通更順暢。

果然，第一場節目錄完，台視大樂隊的團長謝荔生就用麥克風跟音控說：「你們聽一下，什麼叫做收音。」從此他在老三台就有地位了。

跟著鳳姐跑

在三台都有通行證了，陳穩健也被找去做《飛上彩虹》，鳳飛飛主持的綜藝節目。「不像現在藝人受太多保護，以前都是我直接跟藝人面對面談。」陳穩健因此跟所有藝人都很熟，很多時候是歌手直接發通告給他，然後坐下來討論歌單，活動結束後再到家裡收費用。

陳穩健和鳳飛飛兩人間自有默契。他曾經跟她去台南的樂園演出，也曾到楠梓加工區前的大廣場開唱，只見那些女作業員擠得人山人海，成為時代的集體記憶。

陳穩健感嘆：「以前的歌手真的都實力派，像運動員一樣，這類臨場的經驗太多了。」跟鳳飛飛跑場的時候，一檔秀是周一到周日，餐廳秀是晚上兩場，歌廳秀加了下午場變一天三場，一場壓軸都要唱四、五十分鐘，她游刃有餘，唱一個星期的訓練，就超過現在歌手一年的演出。

「她會這麼成功，是因為她非常要求。」陳穩健說，鳳飛飛會和他討論音色要怎麼調、聲音想要亮一點、效果器想要多一點等等，有想法直接說，磨出彼此的默契與效率。同時，以陳穩健聽過這麼多國內外歌手的現場演出，他也認證鳳飛飛自身的條件很好，兼之又認真，不管唱了多少次，到後台還是繼續練，每一次都當作第一次。她對樂手、對工程人員也都很尊重。

陳穩健跟過鳳飛飛各種演唱，看到她如何受到熱烈歡迎。例如當年她在南京東路第一大飯店迪斯角演出，據說老闆是又愛又怕，因為票房一定大賣，但她把客人都吸光了，這一檔做完，下一檔就有壓力了。

復出時老友相見

二〇〇三年，應大大娛樂之邀，鳳飛飛回台開演唱會。前置工作期第一次會議時，各工種、工班都到了，大大娛樂的李明智老闆一一替她介紹，畢竟時隔多年，她幾乎都不認識，但一介紹到陳穩健時，她笑說：「我比你還熟。」

當時的科技自然較當年她暫別歌壇時進步許多，歌手流行戴耳麥（註：耳內監聽），當時鳳飛飛特地去耳鼻喉科取了耳模製作吻合的耳麥，不過因她左耳失聰，一旦戴上耳麥，就聽不到外面的聲音了，為此鳳飛飛花了很長時間適應，因為她接受這個建議，她願意去做。

那次演唱會也要出CD和DVD，在現場全程錄完之後，還要另行做混音，別的歌手多半是交給製作人處理，只有鳳飛飛親自來做。陳穩健說：「只有鳳姐最了解鳳姐，清楚哪個地方要轉音、有什麼眉角。」但他也笑說，以前做鳳姐的服務，因為她總是親力親為，見面機會很多，他總會嚷嚷著說：「啊……！妳又來了。」那鳳姐龜毛嗎？陳穩健乾笑說：「差不多啦。」

做那麼多演唱會，陳穩健幾乎不曾坐在觀眾席當觀眾，總是要在場中到處移動、到處聽音場的效果，這樣聽下來，陳穩健讚嘆鳳飛飛的歌聲：「各種語言、各種時代的歌，都有一種難以形容的眉角，而鳳姐對這些曲子的詮釋，是模仿者怎麼都模仿不來的。大概她的歌聲已經植入我的腦袋裡了吧。」

溫暖的掌聲響起

陳穩健親自替歌手控音時，會在開場前坐在音控台前，低著頭、閉著眼、手摸著控台，像禱告一般在心裡默念：「我何德何能，能有這個機會，今晚這麼多人的心情將因為聲音而被我控制著。」他非常知足而感恩。

所以每當鳳飛飛唱起〈溫暖〉和〈掌聲響起〉，他非常有感覺，常感動到要落淚。那是一種「我們有這個緣分在一起，一定是老天有特別的安排」，他感恩能和歌手有合作、互相服務的機會。

二〇一一年，鳳飛飛宣布要辦台語歌謠演唱會，陳穩健作為老夥伴，自然要參與，三月開工作會議，原訂年中要彩排，但他一直等，也沒等到消息，問也問不出清況，直到隔年年初她辭世的消息傳來。

陳穩健說：「知道時，我真的受不了。人生難得有這麼長的時間可以結緣，太難過了。」

人走留印記

陳穩健眼中的鳳飛飛，感覺總帶有一點「愁緒」，「一個藝人不痛過，寫不出、唱不出痛的感覺。她慢歌唱得這麼好，心裡一定有一些外人不知的感受。」

合作過那麼多中外歌手，陳穩健佩服鳳飛飛是真正了不起的藝人，她不用提詞機，幾個小時的演唱會照樣順利完成，只有背好詞，才能用全部的感情去表演。

陳穩健和鳳飛飛只差一歲，是同輩人在演藝圈一起拚的感覺，也買過她很多黑膠唱片，可惜在某次台北大淹水時，全淹沒在地下室裡。

有些事、有些人，會逝去，但總是會在一些人的生命中留下印記。

（方元／採訪）

1
9
7
7

愛不完的你

歌迷篇

祝你幸福的潤餅——秋雲

一早起床，秋雲開始備餡料、做餅皮、調醬料，把所有食材推到寧夏夜市擺攤弄弄就定位，就差不多傍晚五點了。這時，夜市的人潮漸漸多起來，攤位的燈泡也一盞一盞的亮起來，大約六點到八點是忙碌的高峰，因為人行道上只有兩張小桌子，所以客人大多是買了就走，忙碌的十個手指頭，像彈鋼琴一樣在蒸汽上空飛舞。一捲五十元就可以吃得飽飽，秋雲三十多年，一年三百六十五天的捲捲捲，得到了靜脈曲張的小腿、微駝的背影，還有一家的溫飽。

當其他朋友相約去看鳳飛飛錄影時，秋雲因為要幫爸爸的忙，十次有九次都放棄不去。聽爸爸回憶聊到，鳳飛飛還叫做「林茜」的時候，在國聲酒店駐唱，會跟文香結伴一起來吃，秋雲覺得很神奇，自己的偶像竟然以前常吃爸爸的潤餅。二十年前爸爸因病走得很突然，大家都沒料到，爸爸的手藝沒來得及好好傳授，秋雲說：「之前也只是來幫忙，並沒有自己獨立作業，只好硬著頭皮去揣摩那個味道。孩子還在念幼稚園，這個工作的時間又長，蠟燭兩頭燒，都不知道是否撐得住。」一九八三年，鳳友會在來來飯店舉辦盛大的餐會，聽說鳳飛飛會來，秋雲真想讓自己瘋狂放鬆一下，攤子一天不營業，歡天喜地的跟好友們一起去聚餐。鳳飛飛每次跟歌迷們聚會都會噓寒問暖，像個大姊姊，鳳飛飛也特別關心秋雲，還跟她說：「要把爸爸的好口味、老字號，繼續傳承下去。」秋雲講到這，哭腔很重，想要用笑來掩蓋，但是效果不彰。

秋雲得意洋洋的說，自己覺得跟鳳姐一定是有緣分的，不只是從父親那一輩開始，自己的名字跟鳳飛飛的本名「林秋鸞」也只差一個字。每當鳳姐低調意外的出現在攤位前時，秋雲都把潤餅包得特別肥胖，再跑去別的攤位吆喝同業快送上米粉炒、蚵仔煎，讓鳳姐一次嘗盡懷念的好味道。

現在仍然一年三百六十五天都出勤，除非遇到颱風天，就被迫休息，一閒下來想到鳳姐就哭，聽到歌也哭，都已經十年了眼淚一直流不乾。秋雲說，記得在演唱會上聽到鳳姐唱〈我的愛我的夢我的家〉，就想到鳳姐把大家都當家人一樣，只要聚在一起，就是一個家。

七仙女秘書團

「愛一個人不是一定要黏在身邊，有忙要幫就出現，忙完就消失。」堪稱第一代鳳迷的秀鳳說，「只要林姐有需要（資深鳳迷大多稱鳳飛飛林姐），不只是台灣，新加坡、馬來西亞，我們都有去。不管有多困難，我們總是一起討論、分工合作。」執行快速，就像忍者部隊。

秀鳳提到好姊妹中的淑惠是開安親班的，現成的教室空間、桌椅，成了聚會的最佳場所。她有一雙巧手，舉凡捧花、氣球、卡片、海報，都難不倒她。姊妹們一起在安親班忙著製作要帶去給鳳飛飛的小禮物，開心得不得了。電視錄影不只是去看鳳飛飛，還一定會準備些貼心小禮物去，鳳飛飛近百張的黑膠唱片封面也經由大家一起收集、整理、保護好，貼上「永遠的最愛」寄到香港，鳳飛飛異常珍惜，至今仍保留在香港家中。

「林姐不是把我們當歌迷，是把我們當朋友，」秀鳳說。一九九七年，鳳飛飛跟費玉清主持台視的《飛上彩虹》結束後，大家都感覺到鳳姐心情不太好，於是約好一起去香港探望鳳飛飛，此行有淑惠、秀娟、秀鳳、詠淳、明秋、淑媛、淑薰，一共七位，鳳姐笑稱是「七仙女」，鳳姐安排導遊、專車帶他們到處遊覽，秀鳳的先生一起同行，鳳姐特別交代他說，「你要負責保護女生！」隔天鳳飛飛跟彣霖一起到飯店跟大家吃午餐，當鳳飛飛抵達時，笑得開懷，因為大家早已用鮮花把用餐空間布置得美輪美奐，氣球還是大家一個一個用嘴巴吹的。說到這邊，秀鳳說，彷彿只是昨天的歡樂，記得那天聊得不夠又轉移陣地去喝咖啡，怎麼都想不到十三年後，鳳姐會在同一天過世。

記得二〇〇三年鳳飛飛復出舉辦個人演唱會，七仙女場場都是最強勁的後援部隊，跑腿、燒金紙、準備糖果、製作糖果提籃，都是七仙女包辦。工作人員渾然不覺有這神秘團隊，因為她們總是完工就收隊，來無影去無蹤。二〇一〇年馬來西亞演唱會，七仙女分別開兩部車運送贊助的一萬支螢光棒到桃園機場，再搭機至馬來西亞演唱會，發送給每一位觀眾，回程在飛機上，淑惠因為太累在飛機上睡著了，鳳飛飛躡手躡腳地走到淑惠座位旁幫她蓋被子。鳳姐感念七仙女的支持，交代助理說：「妳現在就是秘書長，請招待秘書團去聚餐，我請客！」

秀娟病了，體力很差，但仍愛聽著鳳姐的歌。鳳姐把錄好尚未發行的〈我家在那裡〉送給秀娟，希望秀娟聽著歌能靜下心來坦然面對。而淑惠過世那一天，好友們都趕到醫院了，詠淳最後才趕到，趕緊打電話到香港，讓淑惠跟鳳姐通話，講完電話，淑惠就安心的走了。大家都覺得，淑惠在等。七仙女剩下五仙女繼續著人間的友誼，而秀娟與淑惠，想必已經跟她們永遠的最愛，在天堂相遇了吧。鳳姐曾經在台上說過，一個歌者，跟歌迷能夠有如此如同家人的關係，讓她覺得非常感動。所有歌迷又何嘗不是如此呢？

潑辣有勁鳳友會

鳳飛飛形容鳳友會「潑辣有勁」，那少菁可以說是代表人物了。大合照、演唱會，永遠站在最前面，像驍勇善戰的將軍，滿場飛舞，帶領所有鳳迷進行喊口號、帶動大家整齊劃一的揮舞螢光棒，該站起來跳舞時，鼓動大家從座位站起身跟著鳳姐一起扭一扭，整場演唱會大約三個小時，在第一排左右來回跑，果然非常「有勁」。

少菁的神奇事蹟非常多，曾經帶著一個〇〇七的手提箱，裡面裝滿千元大鈔，衝到售票處去嚷嚷著要把第一排全部買走，在演唱會安可曲唱完，鳳飛飛伸手跟大家握手時，不停大喊：「不要握！用拍的！不要握！用拍的！」因為她擔心鳳姐會被拉下舞台摔倒。演唱會時鳳姐身邊有保鑣，少菁總覺得自己可以保護得更好，當鳳姐下台時，少菁亦步亦趨，一度跟保鑣發生衝突，隔天還約了要釘孤枝。

鳳飛飛有特別交代大大娛樂李總要友善對待鳳友會，因此只要鳳飛飛公開露面的場合，如記者會、演唱會，一定會特別保留座位給鳳友們。立新與少菁總是提早進場、確認人數、引導進場並且約束鳳友降低音量不可打擾活動的進行。少菁本來就瘦，鳳姐過世後，少菁更瘦了，大溪武德殿展覽會場一見一抱，抱滿懷的骨架，抬頭看到一雙淚眼，但不發一語，跟所有的鳳友一樣，淚乾聲啞精氣神盡失。

鳳友會原名為「鳳之友聯誼會」，在鳳姐一九八〇年遠嫁香港後，為了能持續凝聚所有鳳迷的向心力並且藉由不定期聚會大家再聚首，一九八三年在來來香格里拉飯店幫鳳飛飛慶生時，由鳳姐宣布成立。立新說，鳳友會真正的老闆是鳳飛飛，自己在鳳姐身上學到的比外面還多，當初因為鳳姐希望能有統一的單位，讓她可以跟所有歌迷互動、對話，因此交代立新籌備鳳友會。鳳姐還叮嚀說，凡事有好康的不能自己跑第一，要公平對待鳳友。對於鳳友爭搶第一排座位的事情連鳳姐都耳聞了，跟鳳友說你們坐第一排只能看到我的鼻孔！但是大家還是要搶第一排！

演唱會算是鳳友跟鳳飛飛難得相聚的時刻，有的鳳迷每一場都到，不僅聽鳳飛飛唱歌，演唱會結束還能有大合照的機會。為了統整來自海內外不同地區的需求，立新總是在活動前提早到，確認各項細節，有時候還要租車統一運送鳳友們。「演唱會到底唱了什麼歌，我都不是很清楚，」立新有點哀怨的說。從二〇〇三年到二〇一〇年，每一場演唱會都會看到立新的身影，除此之外，事前事後的聯絡工作更是排山倒海，溫柔細心的立新總是不疾不徐的回覆每個詢問。二〇一二年二月十三日堪稱鳳友會最悲痛的日子，知道鳳姐過世的消息，好多人都渾渾噩噩如行屍走肉無法工作，一直到現在，鳳友們還是固定自掏腰包去鳳飛飛骨灰安置的寶塔寺誦經。「台灣民謠演唱會是我們跟鳳飛飛共同的遺憾，」立新在一次座談會上感傷的說。事實上，是大家的遺憾。十年過去了，少菁跟立新都如常生活，但是他們知道心裡已經少了一塊，依照鳳姐之前的個性，肯定希望他們能開心過日子的。
少菁說：「我現在規劃跟鳳友一起去踩踏鳳姐足跡，大家聚聚聊聊走走，也是懷念鳳姐的一個方式。」的確，唱著歌、牽著手，走著鳳姐走過的路，呼吸鳳飛飛曾呼吸的空氣，繼續為生活努力，是鳳友會另一種聚會的新型態，雖然少了鳳姐，但是大家都會好好的，是說好了的哦。

（王美代／採訪）

很多堅持的主持人

受訪者／白汝珊、李麗芳

白汝珊

白汝珊在鏡位的規劃一向有別出心裁的想法，讓欣賞的角度不被局限，也曾經有被傳說嚴謹、龜毛「美名」。一九七七年，鳳飛飛從台視的《我愛周末》轉到中視的的綜藝節目有《你愛周末》、《一道彩虹》、《飛上彩虹》，這期間，白汝珊不只是跟鳳飛飛密切的合作，跟鳳媽媽也處得很好。「鳳姐直接叫我白汝珊，鳳媽媽都用台語叫我白牡丹。」或許因為〈白牡丹〉是一首台語歌謠，鳳媽媽覺得比較好記。

白汝珊說，一九七七年到一九八〇年《你愛周末》、《一道彩虹》，將節目拍攝地點從攝影棚改到豪華酒店，可容納六百位觀眾參加錄影，除了龐大的技術、行政人員與攝影機團隊以外，還出動戶外轉播車，這在當年可是大創舉、大新聞。「因為有升降的圓形舞台，可以容納更多的觀眾，當時可是一票難求。」白汝珊回憶著當年節目內容單元多，有專訪、唱歌、短劇、脫口秀，非常緊湊，從早上八點開始彩排，中午放飯、化妝、下午觀眾進場，然後大約錄到五點才能結束一天的忙碌，這時候鳳飛飛才能放鬆吃上第一口飯，等於鳳飛飛從出門開始計算的話，完全不按暫停鍵的忙了快十二個小時。白汝珊說，鳳飛飛話不多，但是一上台就能妙語如珠，並不是天生就能說善道，而是事前有充分的準備。「鳳姐常說，機會是留給準備好的人。」因為節目太精彩了，好聽、好看、好笑、曝光率高，當時幾乎所有大牌歌星都想要上這個節目。

一九八四年《飛上彩虹》規格又更上一層樓，錄影場地除了中視的攝影棚以外，還租用了台北市立社會教育館，也就是現在的城市舞台，棚內的部分主要進行精緻高質感的歌曲演唱與訪問，而城市舞台可容納的觀眾人數更高達一千兩百人，等同大型現場演出，收視率最高達到三十六%。之後接手的《黃金拍檔》，主持人張菲、倪敏然、徐風、羅江、檢場都曾是鳳飛飛節目的助理主持人，號稱黃金五寶，在節目裡面很多單元是延續《一道彩虹》的概念，再依照主持人特性去調整，也是創下收視高峰。

白汝珊認為在這段期間，跟鳳飛飛一起工作接觸多了，很能了解鳳飛飛的標準定在哪個高度，這樣一起共事就能閃過很多認知上的落差。鳳飛飛曾提過，《你愛周末》是第一個讓她能盡興的表現才藝，並願意接納她在節目上設計的創意，不用像以前在攝影棚面對機器講話，而是面對活生生的歌迷們一起同樂，讓她有發揮的餘地及分享成果的喜悅，是演藝生涯重要的轉折。

白汝珊說，有一次跟鳳飛飛到南京西路的百貨公司出外景，要走進大門真是舉步維艱，想要跟鳳飛飛握手的歌迷們把大門都擠破了！「我那時候才親眼見識到什麼叫『紅』。」當時台灣是亞洲四小龍之一，南部的加工出口區占了很重要的角色，大量的作業員一邊聽著鳳飛飛的歌，一邊努力增產報國。鳳飛飛去高雄出外景，萬人空巷，人潮洶湧。那個年代不像現在娛樂活動這麼多，看鳳飛飛的綜藝節目簡直是全民運動，有機會能親眼看到鳳飛飛的風采，更是爭相走告的一件大事。

「鳳姐的歌是歌迷的精神食糧，可以說鳳姐對國家的貢獻是很大的。」

二〇〇〇年，白汝珊跟先生一起去上海工作，擔任上海杰米羅傳播的副總兼節目總導演，二〇〇三年初，接到鳳飛飛從香港打來的電話，那通電話講了快兩個小時，靠在耳邊的手機都發燙了。電話中鳳姐早把演唱會的構想完整化，歌曲的調度早在她腦海中，還說她每天早上起床就練發聲、去公園跑步，為演唱會把肺活量準備好。之後白汝珊台北上海兩頭飛，討論所有演唱會錄影的細節。「不能辜負鳳姐的期望，所以我對工作人員很嚴厲，名聲很不好，但是在大大娛樂的主辦下順利完成，很替鳳姐高興。」

白汝珊最後一次見到鳳飛飛是在二〇〇七年上海的演唱會，那一次，趙先生全家人都來了。鳳姐一直覺得白汝珊從以前在電視台要工作又要照顧小孩，現在在上海打拼事業，體力要顧，特別新買自己喜愛的同款保溫壺與西洋參遞給白汝珊，要她泡來喝補補氣，「當時感動的眼淚在眼眶滾動，鳳姐太體貼人了。」一直到現在，白汝珊還在使用那個保溫壺。「沒想到那一別就是永別，太感傷了。」白汝珊說現在一直想念著當年一起工作的點點滴滴。

李麗芳

在鳳飛飛結束與中視的合作以後，在一九八七年轉到台視開了《我愛彩虹》，當時的製作人是早在一九八二年就跟鳳飛飛合作過《鳳懷鄉土情》的俞凱爾，導播是曲威。李麗芳說，這兩位都是「大人」，我是「小朋友」。

李麗芳自世新廣電科畢業後，就進入台視工作，薪水待遇不多，不過能學以致用、順利就業，而且是一份自己熱愛的工作，李麗芳已經很滿足。「鳳飛飛錄完影，回家洗個澡，就又來了。因為鳳飛飛的綜藝節目跟其他不太一樣，節目中有歌唱表演、港星表演、爆笑短劇、彩虹新聞等單元，要主持、要唱、要跳、要訪問，所以後置剪接的階段，她會很細節的確認到是否能看到全身、講話是否簡潔到位，若是有贅字就要剪掉、重要的手勢、趣味點要凸顯出來……。」導播基本上都有抓到這些鏡頭，因為整個團隊都在事前溝通清楚知道鳳飛飛要的是什麼，就不會事倍功半。「那時候我是助理導播，我要負責記錄舞蹈動作、訪問的重點、秒數……」，等於是要把節目整個記錄清楚並且知道一抬腿一扭腰會出現在幾秒的時候，導播才能準確抓到特定的姿勢與動作。所以助理導播很清楚哪一段話出現在影片的什麼地方，鳳飛飛一講，李麗芳就能快速找到正確的位置，依照鳳飛飛的意思來剪接。

那時候，每一集都有大咖港星，節目型態有點像歌廳秀，尤其短劇很受歡迎，因為設備不像現在功能先進，可以輕易達到想要的效果，但是李麗芳又想要把短劇的「笑」更凸顯出來，就想到把部分片段如同卓別林電影一樣，做快速的播放，結果是非常好，也得到大人們的讚賞！雖然有點土法煉鋼，但是在當時是個創新的手法。李麗芳後來在台視升到導播，並且是王牌導播，各種大型頒獎典禮、一線巨星演唱會，李麗芳是不二人選。但是李麗芳說：「我以前有跌過一個大跤！有三個月我走路都頭低低的，覺得大家在嘲笑我。」怪不得有「頭抬不起來」這句話。那是台視二〇一〇年舉辦《超級巨星紅白藝能大賞》的第一屆，地點在台大體育館。習慣棚內五機作業的李麗芳，第一次到一個三百六十度環景的體育館，使用九台攝影機，「我無法駕馭，當時在轉播車上一直想回家，下轉播車就抱著助理導播跟組長大哭。」因為搭台時間很趕，彩排時間不足，因此「記錄秒數、熟悉流程」這件事就無法做足功課，加上九機作業也讓李麗芳備感壓力。這件事過後，李麗芳跟自己說，難道要這樣繼續低頭下去嗎？第二屆二〇一一年移師到台北小巨蛋舉辦，「就OK了！」講得輕鬆，事實上李麗芳是做足了功課。二〇一三年的「金馬五十」讓李麗芳一戰成名揚名海外，活動後被人肉熱搜，「到底這一場的導播是誰？」李麗芳說，「我跟金馬獎執行委員會要所有入圍的三十七部影片，至少看過三遍。」「包含我的攝影師、助理導播，都要一起把所有影片都看過，『必須、一起』，大家要一起進步，不是只有我一個人。」近幾年，常在大型活動中出現李麗芳嬌小的身軀，走在她後面看她腳步輕盈，不疾不徐，一點都感受不到焦慮與壓力。現在舉凡金曲、金馬，都是由李麗芳擔任現場導播，李麗芳在台視工作四十年，已得了五次的金鐘獎，自言是退休前最好的禮物。

李麗芳現在回想起，鳳飛飛對做節目一向很有想法，偶爾跟製作人、導播意見相左時，角色是「小朋友」的李麗芳，就要擔任訊息小精靈、人肉翻譯機，居中潤滑溝通。「大人們在外面抽菸，我跟鳳飛飛在裡面剪接。」還好李麗芳都能成功的協調門裡門外的「大人們」達到共識，「主要是鳳飛飛不會刁難大家，會體諒別人。」否則應該是下不了班了。鳳飛飛很清楚知道自己要的畫面是什麼，對節目內容的呈現要達到什麼樣的效果，她會很堅持。李麗芳說，每次錄影結束大家累得人仰馬翻，鳳飛飛回家洗個澡就馬上趕回來跟她一起加班，可能因為這樣，鳳飛飛擔心李麗芳體力不支，還從香港幫她帶了一瓶提神醒腦的油，還教她如何使用。「鳳飛飛真的是很細心，又體貼！」

（王美代／採訪）

1
9
8
0

那麼多歌都好好聽，說放下就放下！

受訪者／蔡縣貞（B太）

香港有個時期，很流行去歌廳消費聽歌。「有一天，媽媽受朋友邀請，去旺角聽歌，帶我一起去。我記得那時候聽到的是〈楓葉情〉，」至於是誰唱的？「我那時候還小，我不記得了！只記得那個歌手戴著帽子。」從電話那頭傳來濃濃的廣東腔，細嫩的聲音，語氣像是嘟著嘴巴回答。

聽到〈楓葉情〉時，蔡縣貞十五歲。畢業後，談戀愛到結婚，人生就像走馬燈，忙忙碌碌時間過得飛快。先生的朋友趙先生，娶了一位台灣女子，聽說是位很有名的歌手，不過縣貞不是追星族，也很少聽國語歌，所以沒有太大興趣去多問。新婚的趙太太嫁到香港以後，對環境、文化都很陌生，縣貞的個性大剌剌的一根腸子通到底，跟趙太太很合拍，特別談得來。成為好友之後，縣貞覺得很納悶，為什麼能放下如日中天的歌唱事業，嫁到異鄉？那麼多歌都好好聽，說放下就放下！鳳飛飛敞開心胸告訴縣貞很多自己家庭及過往工作的事，個性天真單純的縣貞安靜的聽，聽懂了，更加感到心疼。問好友為何不反抗？鳳飛飛無言以對。

兩人的友誼在平淡相處中更顯珍貴，鳳飛飛告訴她說，自己從小就開始工作，閱人無數，看一眼就知道縣貞不會占他人便宜，是個可以信賴的朋友，兩人並以A太、B太相稱。起初，縣貞抗議的問鳳飛飛：「為什麼我是B啊？」「趙太太、余太太，叫起來好麻煩，我比妳虛長幾歲，所以我A妳B囉！」就這樣，鳳飛飛說了算。在訪談中，很多問題B太都不願意回答，一直重複說：「她跟我說是因為信任我，但是我要顧慮到她的privacy（隱私），我不能說。」感覺最後一句，又是嘟著嘴說的。看來鳳飛飛把心裡話告訴縣貞，被保管得很嚴密。這兩位好友，好到連懷孕都在同一年，縣貞的大女兒在一九八八年十二月出生，鳳飛飛的長子在一九八九年二月，相差不到三個月！之後縣貞在醫院生下二女兒後，鳳飛飛彷彿是自己生了女兒一樣的歡喜，跑來醫院看她，還拍了許多新生兒的照片；兩人除了聊太太經以外，還加入媽媽經，等小孩稍大一些，白天一起去逛街、遛小孩、喝茶、買尿片、買奶粉，偶爾去沙田的馬會吃草莓、炸薯條，兩個小孩都很乖，給他們冰奶茶就服服貼貼的自己玩，也不吵不鬧。不過相較之下，A太對小孩的教養算是挺嚴格的，彣霖小時候寫作業，如果有一個小地方寫錯，A太會把整頁都擦乾淨，要彣霖重新寫。

二〇〇七年，鳳飛飛在新加坡開演唱會，縣貞飛去看了。鳳飛飛給她留了最佳視野區，視線可以平視舞台。縣貞看到好友在舞台上又唱又跳的，「A太變成鳳飛飛了，平常很安靜的人，變成一條放回水裡的魚」、「容光煥發，不是我認識的那個A太，完全變身了」，鳳飛飛在舞台上非常快樂、享受，並且找回自己。對於鳳迷們的狂熱，縣貞感到很驚訝，也很新鮮。「她們很統一。」縣貞的形容應該是指那些應援的口號跟動作吧。

彣霖剛去英國念書那一段期間，鳳飛飛常跟縣貞吐露不捨之情，心情很差、非常憂鬱，雖然心很痛，但是她希望兒子成為獨立的男人，不料這種沮喪無法排解，因此得了憂鬱症。縣貞要鳳飛飛教她唱歌，鳳飛飛要她唱個Do Re Mi Fa So來聽聽，聽完帶著微笑說：「這樣……，我不教妳了。妳還是聽我唱好了！」縣貞埋怨著說，當時很傷心啊，不過想想自己是五音不全那種，可能真的是沒辦法教。二〇〇五年的演唱會，鳳飛飛選唱了廣東歌曲，在香港錄唱後給縣貞聽。「奇怪，妳講廣東話都很標準啊，怎麼唱歌就不太標準了？」縣貞笑說，來不及幫她糾正了，她已經錄好了，本來好不容易在唱歌這件事可以「指導」一下鳳飛飛的！

二〇一〇年在新加坡的萬人室內體育館，是縣貞最後一次看她演出，也是第一次坐第一排，感受到舞台上的熱力一波波襲來，台下的鳳迷又叫又跳，相信鳳飛飛在台上往下看到自己的歌迷如此賣力，也唱得更有勁吧。鳳飛飛這條魚，現場人越多好像水越多，她游得更有活力、更快樂。不過縣貞馬上笑著說，這條魚很凶的，還好不是鯊魚。縣貞想起有一次在香港，去高山劇場看Boy George（喬治男孩）演唱會，鳳飛飛開車又凶猛又快，到了劇場，該開場的時間，竟然又拖了四十五分鐘還沒開始，她卻沒有動氣，很平靜。

鳳飛飛的動靜節奏掌握得很必要，彈無虛發。

「我是第一個知道她病情的……但是她都沒有哭，她連很傷心的時候都不哭的，都是我在哭，」縣貞覺得鳳飛飛把所有東西都埋藏在心底不願意說，「她雖然很強悍，但是做什麼事都是為了身邊的人，為了家庭、朋友，但都不是為了自己。」「那段時間，我們一起去中華廚藝學院學中式料理，還把設計師約到家裡去給她剪髮，雖然接受化療，但是她的頭髮都沒有掉。」鳳飛飛還告訴縣貞說自己扛得住，拖了一段時間，才把助理詠淳叫到香港來陪伴，接著兒子也趕回香港。縣貞有空就去鳳飛飛家中聊天，不過常常對望無語，這時候陪伴是最恰當的了；鳳飛飛也曾想試試西醫以外的療法，只因為曾親眼看著趙先生治療肺腺癌的過程，那種磨難以及錐心刺骨的痛，讓她退卻。

「我覺得她留給大家最珍貴的就是那些歌。」在醫院，縣貞跟鳳飛飛說：「雖然妳生命很短，可是很精彩。」說到這邊，香港那頭的縣貞已失控啜泣起來，連聲說對不起。當被告知鳳飛飛留給大家的幾句話裡面，提到「我這一生，過得快樂，活得精彩……」，跟縣貞說的一樣。或許「很精彩」這幾個字，在當下的確進入鳳飛飛心裡，安慰了她。縣貞聽到這裡，才破涕為笑，說了聲：「是嗎？」

「妳先去，我會去找妳的。沒有痛、沒有眼淚，只有歡笑。」這是縣貞在心中告訴鳳飛飛的話。「我跟A太的信仰不同，以前我要她跟我一起去唱聖歌，她回答我要去問問她的菩薩答不答應。」等在天堂相遇時，縣貞說應該沒有信仰不同的顧慮了，而且她應該已經很會唱歌了，可以跟鳳飛飛一起唱，唱什麼歌都可以。這時傳來嬰兒的聲音，縣貞嘟噥著說是二歲的孫子，「我的孫子就是她的孫子。」

（王美代／採訪）

1
9
8
2

她的歌聲是我的少女情懷

受訪者／金瑞瑤

約在漢諾威馬場見面。「老闆娘」金瑞瑤戴著口罩出迎，纖細高挑的身材，長髮過胸，妹妹頭瀏海下一雙靈動的眼睛，彷彿下一秒就可以直接唱跳起「飛向你飛向我」。

面對鏡頭，「瑤瑤姊」一秒回到藝人狀態，從聲音到鏡位，都要有最美最好的自己。

上世紀八〇年代歌林唱片的盛況印記在音樂史上，那美好的年華，因著音樂的傳唱，彷彿就在昨日。金瑞瑤細數著與自己同期的、上一代的、下一代的歌手，最難忘的歌聲，還是鳳飛飛，只有她的歌，能讓金瑞瑤乘著歌聲就回到無憂無慮時代的自己。

飛向你飛向我

金瑞瑤是一代玉女歌手代表，帶動一九八〇年代的日系偶像風潮，而這並非出自唱片公司包裝，她很大程度只是「做自己」。

金瑞瑤高中時，正是校園民歌流行的年代，她在報上看到歌林唱片要甄選歌手，準備出一張民歌選輯。於是她自己錄唱了〈橄欖樹〉，特別選在浴室錄音，那種echo的效果正好，再請學校攝影社同學幫忙拍了兩張照片，就寄去參加甄選。

不意外地，金瑞瑤被通知去面試。

那時的她，本來就很喜歡看一些日本的服裝雜誌，平時的私服就是短褲、半筒襪這樣的造型，面試那天就以本色過去，對著試演鏡頭唱跳了日本歌手河合奈保子的〈Smile for Me〉。歌林唱片的主管說：「撿到寶了！就是要找這種的。」於是，金瑞瑤出道了。

她很快地在民歌選輯《新金曲獎》第一輯裡面錄唱〈一縷輕笑〉和〈心之旅〉兩首歌，同張專輯裡還有鄭麗絲〈何年何月再相逢〉、周治平和黃大軍的〈春天你來〉等。所以後來紅遍歌壇的玉女偶像，其實是以民歌手出道的，不過那時已是民歌風潮的後期，第二張《新金曲獎》合輯的時候，就有了林慧萍唱〈火鳳凰〉和〈白紗窗裡的女孩〉，而金瑞瑤則已經在籌備個人專輯。別的歌手發專輯要改頭換面做造型，金瑞瑤完全不需要，因為還是平常自己的穿著、自己的樣子，有人把金瑞瑤跟松田聖子、中森明菜相提並論，但金瑞瑤覺得，自己就是愛漂亮愛打扮，彼時「日系」正流行，年輕女孩兒當然會跟著流行趨勢打扮自己的。

後來，金瑞瑤幾乎每張唱片都獲得公司的信任，授權她自做造型，至於歌路，當然還是尊重公司安排，在藝人特色與市場的天秤上取得最佳平衡。有趣的是，她面試時唱跳的〈Smile for Me〉表現太完美，公司太喜歡，就決定直接讓她翻唱這首歌，也就是後來成為她代表作的〈飛向你飛向我〉。現在看來，金瑞瑤在選曲和造型的眼光如此精準，難怪後來可以開唱片公司，跟那麼多藝人合作。

歌林年代

一九六九至一九七一年間，生產電視機的歌林公司在中視推出《金曲獎》節目，主持人洪小喬以一頂帽子遮面，成為一個時代符號，這個節目大受好評，歌林公司順勢跨進唱片事業，成立音樂部門，並舉辦「歌林之星」歌唱比賽，挖掘了日後紅極一時的蕭孋珠等歌手。

在歌林唱片成立的一九七一年同一年，一個本名叫林秋鸞的女孩以「林茜」之名灌錄了生平第一首歌曲〈初見一日〉，被收錄在《歌林金曲唱片》，沒多久，她就取了新的藝名「鳳飛飛」，璀璨歌后之路從此開啟。但是鳳飛飛直到一九七五年才加入歌林唱片，原先已有〈祝你幸福〉和〈楓葉情〉等金曲的她來到新東家，因唱片公司與瓊瑤的電影公司合作，林青霞、秦漢主演的電影《我是一片雲》主題曲便由她演唱，這也成為鳳飛飛另一首被世人傳唱的金曲。

鳳飛飛在歌林時期，除了瓊瑤電影系列外，也開始推出「台灣民謠專集」、懷念國語金曲等等。是她在口碑與銷量兩方面都很強勁的時期。金瑞瑤入行在這樣的年代，歌林唱片已經執唱片圈牛耳，前面已經有鳳飛飛、劉文正、蕭孋珠和鮑正芳這些閃耀的明星師兄姊們，不到二十歲就發片的她，根本是公司裡的小妹妹。

金瑞瑤現在回想，當時的確沒什麼機會見到這些「大神」。當時她上鳳飛飛主持的綜藝節目，錄單歌之外，參加「音樂教室」單元，錄影空檔就跟其他歌手聚在一起聊天休息，但是金瑞瑤記得，一到攝影棚，就會由宣傳陪同去跟鳳飛飛有禮貌地打招呼，而鳳飛飛也會因為是歌林小師妹而特別親切。

金瑞瑤回想，和同輩這些年輕的師弟妹們，在公司從沒聽過同事閒談鳳飛飛的五四三，「因為她根本沒有八卦，就是覺得她是很好的前輩歌手。」

多年後，金瑞瑤自己開了唱片公司，某次到香港出差，在一個茶餐廳喝下午茶時，旁邊桌竟坐著鳳飛飛。金瑞瑤覺得也太巧了，兩人互相問候聊得很開心，短短的交會，已讓金瑞瑤覺得那一趟出差的意外收穫真是豐厚。

如今回想歌林那個時期，金瑞瑤也感嘆後來台灣唱片圈難再見到那樣的盛況，覺得自己很幸運，躬逢歌林的盛世。她記得當時歌林的宣傳企畫夠強，再加上有強大的廣告在支持，例如鳳飛飛如日中天之時，〈你家大門〉就配上了歌林電視機廣告，廣告預算砸下去，也等於幫鳳飛飛把歌曲打入每一家每一戶，而鳳飛飛則是幫歌林促銷家電，是極成功的雙贏模式。

只記得鳳飛飛

金瑞瑤覺得與鳳飛飛同在一家唱片公司，就是榮幸。「在年少最無憂無慮、還在讀書的學生時期，我就是聽鳳姐的歌，所以後來一聽她的歌，就好像回到往日最甜蜜的無憂時光。」

小時候她喜歡白馬王子似的劉文正，未當歌手前就愛聽劉文正、鳳飛飛和一些日本歌。在那個年代的眾多歌手中，金瑞瑤最記得她的聲音，提到〈流水年華〉，也能開口就唱「朦朧的街燈，靜靜躺在小雨中」，還有〈雁兒在林梢〉、〈我是一片雲〉、〈好好愛我〉。這些歌曲若不是因為傳唱度夠，否則金瑞瑤怎會如此琅琅上口。

這些歌也都是瓊瑤電影的主題曲。事實上，在七〇年代，瓊瑤的電影幾乎都請鳳飛飛演唱主題曲，〈我是一片雲〉是兩人合作的第一首歌，民國六十六年發行，即創下四十五萬張的佳績，此後，瓊瑤作詞、左宏元作曲、鳳飛飛演唱，就成為電影主題曲銷量保證的鐵三角。

當年懷揣著詩般少女情懷的金瑞瑤也被這個鐵三角打動了。她笑說，瓊瑤小說拍成一部部浪漫的愛情電影，滿足了許多女孩的浪漫夢想，又有林青霞、林鳳嬌、秦漢、秦祥林這「二林二秦」，加上鳳飛飛悠揚悅耳的歌聲，兩者的連結夠強烈，夢幻跟寫實交錯，就常駐在她的記憶中了。連瓊瑤都說過鳳飛飛是她的電影最佳演唱人。

金瑞瑤常常買票去看演唱會，舉凡經典的、國際的歌手演唱會，都不錯過。鳳飛飛實屬難得之經典，所以金瑞瑤也不會錯過鳳飛飛每一次的演唱會，「鳳姐是我成長的一部分，每一首歌都伴隨著我長大，所以聽到前奏響起來就很感動，好像回到了年輕歲月，會有很多溫暖的感覺。那一種情懷很難去形容。」

在金瑞瑤看來，鳳飛飛的時代也是台灣純樸、敦厚的年代，可能人們潛意識裡也希望能夠回到那個單純的歲月，所以鳳飛飛的歌曲跟時代的連結也很強，是台灣長出來的力量。

鳳飛飛的每一首歌就這樣流傳下來，再加上她的嗓音有深厚的技巧融合其中，那些歌聲、挾帶著深刻的情感，如行雲流水般表現出來，從聽眾耳朵流淌至心中。

當鳳飛飛溫柔地唱著〈心肝寶貝〉，看著他從收涎、學步，一步步長大，相片不斷累積，而對著月娘，當媽的也只是祈求兒子健康活潑長大。同樣當了媽媽以後的金瑞瑤聽到這首〈心肝寶貝〉，更有感覺、更能共鳴，因為她也是這樣愛著自己的獨子，看著他從牙牙學語到獨立出國留學，兒子再大再帥再有成就，始終是媽咪的心肝寶貝。

還有後來聽鳳飛飛追憶過世先生而錄唱的最後一首歌〈想要跟你飛〉，金瑞瑤也能從歌聲中聽到隱忍的傷心，都是生命中有摯愛的人，她能懂那種傷心。金瑞瑤形容：「很扎心，聽了就想哭。」

金瑞瑤還很佩服鳳飛飛的敬業，是那種「每一首歌、每一個音都要唱好」的敬業。她自己是歌手，有自信也有這種自我要求，所以了解鳳飛飛會比任何人更計較細節，是真正認認真真的歌手。

金瑞瑤當年是玉女始祖，甜美可人，和鳳飛飛的形象大相逕庭，但她覺得，鳳姐這般獨特的風格，純熟的歌唱技巧與完美的感情詮釋，贏得男女觀眾的喜愛，「我真的從沒有聽過有人說不喜歡她。」

唱片公司的角度

金瑞瑤與夫婿許安進曾經成立金點唱片、俠客唱片，合作的歌手有陶喆、L. A. Boyz、莫少聰、孫耀威、潘美辰、方季惟等等。

當歌手時紅極一時，在歌林發了九張唱片的金瑞瑤卻說：「我喜歡音樂勝過於唱歌，所以我做唱片公司的時候很開心。」從歌手身分跳下去做之後，發現開唱片公司當老闆也很辛苦。以前只要搞定自己，做好分內的事，對自己負責，上台的時候好好表現，做到公司的要求就好，可是要管理一家唱片公司，帶領旗下眾多藝人，變數很大，不僅要把銷量顧好，還要顧及藝人的各種狀況、排解藝人各種情緒，偶爾還要解決負面新聞。如此一來，金瑞瑤從唱片經營者的角度來看，忍不住嘆氣說：「鳳姐這樣的藝人，是可遇不可求的，你到哪裡去找？根本是前無古人後無來者。」

正因為看到鳳姐作為藝人的價值有多難得，金瑞瑤認為鳳飛飛在華語歌壇占了舉足輕重的一大塊位置，沒有她，華語歌壇就不夠完整，尤其她的代表作太多，包括金瑞瑤自己、往上的世代、往下的世代，跨度超過三十年，從一九七〇年代開始，甚至到半世紀以後的現在，還有那麼多人唱著她的歌，歌迷群如此之廣，影響力如此之大，還很自律且自我要求嚴謹，放眼她之後的樂壇，有多少藝人可以做到？有哪家唱片公司不夢想有這樣的藝人？有一種東西，金瑞瑤稱之為「觀眾緣」。經營過唱片公司，她深知觀眾緣是個很玄的東西，不管藝人本身條件如何，不管唱片公司多用心打造藝人，上了電視，觀眾喜歡就是喜歡、不喜歡就是不喜歡，無來由的，差別就是那麼大。而鳳飛飛就是有驚人的觀眾緣。

一如鳳飛飛某次演唱會的宣傳文案，她的歌迷是八歲到八十歲都有，社會各階層都聽，還能夠接「地氣」而不「土氣」，也不故作高雅姿態，所以那個年代的加工區女作業員是包遊覽車北上來聽鳳姐唱歌。因為她唱到她們心裡，可以說她們的喜怒哀樂正是跟鳳飛飛的歌連結在一起，傷心的時候聽某些歌，但是總有其他歌曲可以帶她們遠離悲傷，重新找到勇氣。

金瑞瑤看這位歌壇前輩，相信鳳飛飛一定有很強韌的人格特質，不怕失敗正是巨星養成的要素，尤其她有實力，歌喉沒話說，還一直很謙卑，巨星就是點點滴滴累積起來的。為什麼華語歌壇後來少見這樣的巨星呢？金瑞瑤說：「因為巨星不是創造的，唱片公司真的沒有辦法培養一個巨星。」關鍵還是在自身的才華與人格特質，所謂師父領進門，修行還是要看藝人本身是不是一塊玉。

金瑞瑤還很感佩的是，歌手到了頂端的時候，要能守得住，不被什麼不應該攪擾的事情沖昏腦袋，這不是每個人都能做得到，否則娛樂圈不會總有明星上社會新聞的例子，但鳳飛飛始終謙虛、客氣，因為她也是一路辛苦過來的，知道珍惜、知道對自己和歌迷負責。

「如果當年我的唱片公司見到這樣的新人，當然要搶著簽下來。」金瑞瑤笑說，可惜後來的環境變了，演藝圈生態變了，年輕藝人一下子爆紅，不懂得珍惜，其實這些後輩藝人若想走得長遠，真的該學學鳳姐的風範。

告別故人

在馬場邊上啜著咖啡，傳來答答的馬蹄聲、孩子們的嬉笑聲，微風輕拂綠葉，人間無比美好，正適合懷念一位離開十年的故人，感謝歌壇有鳳飛飛，也感恩在那個華語音樂盛世裡的歌林唱片，曾經帶給歌壇各種風格的美好。

曾與鳳姐同處盛世，遺憾緣淺，來不及多相處，金瑞瑤覺得香港那次的偶遇是一次美好的連結，可惜當年照相手機不普遍，沒能留下合影。但鳳姐當時的笑容，連同她過往的歌，都留在金瑞瑤心上。

「鳳姐橫跨歌壇三十年，我覺得已經無人能出其右，是歌壇上的傳奇。」這是同代玉女歌手對於姊姊輩歌手的最大推崇。

（方元／採訪）

飛飛沒有離開，她只是搬家，搬到我們心裡

受訪者／俞凱爾

已經遠離演藝圈多年，現在的俞凱爾喜歡在家喝喝小酒、聽聽黑膠，他說那天一口氣買了六張黑膠唱片，裡頭大部分是台語專輯，而當年他的台語是拍《鳳懷鄉土情》時，跟著鳳飛飛和鳳媽媽學的。聽著熟悉的歌聲，往事湧上心頭，老婆總是笑他，「你又要講故事了。」憶起那些與鳳飛飛共事的過往，俞凱爾像是提及一位多年不見的老友般說：「飛飛沒有離開我們，她只是搬家，搬到了我們的心裡。」

談起與鳳飛飛合作的開端，俞凱爾至今記憶猶新，民國七十一年他到金門出外景，拍了兩天，金防部那邊打電話來，表示中視長官要求他明天下午兩點前趕回台灣，跟一位重要的人碰面。俞凱爾記得他坐著軍機趕回來時，在中視節目部經理王世綱辦公室裡看到鳳飛飛，嚇了一大跳，當時他還不認識她，鳳飛飛笑著對他說：

「我找你找很久了！」原來中視打算找鳳飛飛合作光復節特別節目，希望藉由這節目介紹台灣民謠、台灣民俗，並到台灣各處出外景，正巧她看過俞凱爾為劉文正拍的〈飛鷹〉ＭＶ很喜歡，興起找他來做節目的念頭，而這個特別節目就是《鳳懷鄉土情》。

俞凱爾細數自己一共拍了近千支的ＭＶ，早年甚至還不叫ＭＶ，而是ＭＴＶ。三台時期，許多歌手若要拍ＭＶ，他都是導演的不二人選。「我是國立藝專畢業，進了欣欣傳播從助理開始做起，當時欣欣的老闆是蔣孝武，白嘉莉、崔苔菁等大牌藝人的節目都交由欣欣製作。」以當時的政治環境，三台聯播的春節晚會當然也是交給欣欣傳播，俞凱爾因為製作春節晚會，結識了劉文正，兩人因此變成好友，他順理成章也幫劉文正拍攝ＭＶ，沒想到引起鳳飛飛的注意，促成兩人多年的合作情誼。

早期節目多是在棚內錄製，那時ＳＮＧ電子攝影機剛興起，摒除了棚內三機作業的限制，可以一機靈活運用，但多只運用在新聞上，俞凱爾到台灣Sony受訓三個月，學會了怎麼使用ＳＮＧ後，將它運用在外景節目和拍攝ＭＶ上，讓他成為當時首屈一指的外景導演。

拍攝《鳳懷鄉土情》時，「老實說，我對台語並不熟，飛飛的台語歌唱得很好，遇到不確定的咬字發音時就問鳳媽媽，鳳媽媽幫了很大忙。」為了展現鄉土情懷，《鳳懷鄉土情》走遍全台各地，俞凱爾尋覓古厝、廟宇、四合院，甚至連還沒開放的太平山都上去過。睡工寮、坐運柴車，只要為節目好，鳳飛飛都願意，俞凱爾也慶幸還好是鳳飛飛，因為只要一聽說是她要來錄節目，大家都樂意配合，讓俞凱爾借到不少難得的外景地。

鳳飛飛親和形象深植人心，俞凱爾記得拍攝時常萬人空巷，大家搶著來看鳳飛飛，「很多老太太們看到飛飛，像看到自己的女兒，拿著金條、金項鍊要送她，當然她都沒有收。」

接下拍攝《鳳懷鄉土情》的重責大任時，俞凱爾形容自己那時只是個剛有名的導演，從沒碰過這麼大陣仗的工作，很多人對他說，「你要注意，鳳飛飛要求很高、鳳媽媽很難搞」；中視的長官也告誡他，「你要好好做，給中視掙面子」。俞凱爾頂著各方壓力，大家都等著看他的表現，「要拍第一個鏡頭時，我想了很久，場景是在台中孔廟，我先跟攝影師說這個鏡頭會拍很久，現場架設了軌道和升降機，場面搞得很浩大。」當鳳飛飛擰著手絹走出來時，俞凱爾喊「卡」！當鳳飛飛沒意見時，俞凱爾有意見，一個簡單鳳飛飛出場的畫面，俞凱爾前後拍了十三次，「隔天鳳媽媽就回台北了。」

俞凱爾多年後曾跟鳳飛飛坦承他的「巧計」，他運用一點小心機，證明自己對工作的要求，同時也贏得了鳳飛飛和鳳媽媽的信任和好感，「後來鳳媽跟我變成好友，還會親自煮四神湯給我吃。」當年《鳳懷鄉土情》開啟了兩人的合作，一起工作投緣後，俞凱爾連續拍攝了三年的《鳳懷鄉土情》，還有赴金門勞軍的《浯江春曉》特別節目，鳳飛飛的MV也都交給他，「我成了她的外景導演。」

民國七十四年時，鳳飛飛要求俞凱爾以電影規格拍攝新歌〈午夜的街頭〉的MV，「當時打算剪成十秒、二十秒，在電影放映前播出，」俞凱爾形容歌手的MV進到電影院，在那年代是破天荒的創舉，「也只有鳳飛飛夠資格做這樣的事。」「可是我的壓力很大，我是拍電視的，」為了鳳飛飛交代的重要任務，俞凱爾找了電影燈光師，事前還跟電影導演劉立立請益，「那時我做了個戲劇節目《挑夫》，找來劉立立當導演，這是她第一次拍電視劇，她之前拍了很多瓊瑤電影。」

俞凱爾在〈午夜的街頭〉裡放進當年台灣MV裡少見的元素，拍攝場景設在建國北路和八德路口，現場放上了火堆、消防栓、汽油桶，「我想要拍得嬉皮一點，營造出年輕人活潑、青春奔放的感覺。」拍攝工程規模浩大，現場出動了多名舞者，甚至連中視新聞都出機採訪。

幫鳳飛飛拍過太多支ＭＶ，俞凱爾透露件有趣的事，那時她剛買了信義路僑福大樓的新房子，提議乾脆新歌〈你家大門〉的ＭＶ就到這裡拍，還開玩笑說順便幫建商打打廣告，俞凱爾記得，「當年這裡可是全台灣最貴的豪宅」，「你家大門」成了「鳳家大門」是許多歌迷不知道的小秘密。

鳳飛飛婚後，台視找她做新節目，她找上俞凱爾繼續合作，儘管他手上正忙著另一個知名的綜藝節目《黃金拍檔》，還是答應了鳳飛飛的邀請。「飛飛曾經跟我說過，她喜歡彩虹雖然短暫，卻帶給別人希望，她希望自己能化身為彩虹，給歌迷正面力量。」新節目名稱延續鳳飛飛喜愛的「彩虹」系列，取名為《我愛彩虹》，於周日的晚上八點十分播出。

節目裡必須有不同單元，有歌又有劇是當時綜藝節目的特色，俞凱爾結識了香港藝能製作老闆，藝能手上有許多藝人，他希望能與俞凱爾合作，每周派出一名藝人飛來台灣錄影，所有的機票、住宿費用都由藝能負責，對如此「雙贏」的提議，俞凱爾欣然接受。《我愛彩虹》的第一集出現了曾志偉、第二集則有劉德華當客座主持，這在當時的綜藝節目是難得的卡司。

《我愛彩虹》裡還有個單元請來豬哥亮報「彩虹新聞」，這個點子來自鳳飛飛，不過在初接觸豬哥亮時，俞凱爾卻屢屢碰壁，「他不是亂開價錢，就是說他不會來。」俞凱爾多次到豬哥亮當時的住處隴山林拜訪，屢次被拒絕，但他不死心，「因飛飛很固執，最後我一定是得妥協聽她的。」知道自己必須使命必達，俞凱爾「三顧茅盧」後，豬哥亮終於點頭，答應主持五集還是六集的「彩虹新聞」。

鳳飛飛對工作一向有自己的想法，重回台視做節目，她一開始就想好要以新歌〈來來來〉當節目的開場曲，因為新歌曲風較為現代，她想用自己的樂團，當時樂團的組合包括電子琴丹尼、吉他游正彥、鼓手黃瑞豐，都是流行樂界的專業好手。

那時三台都有自己的專屬樂隊，台內綜藝歌唱節目習慣使用台內的樂隊，但俞凱爾忘了跟台視說鳳飛飛想用自己的樂團，一直到開製播會議時，見到當時的台視大樂團團長謝荔生，才想起這件事。開完會走出來，謝荔生就直接問俞凱爾：「我樂隊要做什麼？」他只好硬著頭皮回，「團長我待會再跟你聊。」也因為此事，謝荔生對俞凱爾不諒解了好多年，一直到後來兩人在其他節目合作愉快，才化解了這心結。

在錄製《我愛彩虹》時，鳳飛飛有個綽號叫「凶手」，那是個收視率決定一切的年代，為了讓節目節奏緊湊、觀眾無法轉台，鳳飛飛會親自「盯剪」，「剪輯時，飛飛會來看，如果覺得太長，她就會要求剪掉。」俞凱爾至今講到「凶手」，臉上還是一副為難的表情，「以前歌星來唱歌，可能有A、B、C段，飛飛覺得這歌太長，怕節奏太慢，影響收視率，會直接說這段卡掉。可是這些都是唱片公司千拜託、萬拜託才排進來的，有的甚至還收了人家打歌費，我很難面對唱片公司，不過這是製作人的責任。」俞凱爾認分做著善後的工作，後來只要鳳飛飛一要到剪輯室，私下大家就會偷偷喊著：「凶手要來了！」

「飛飛永遠笑嘻嘻，然後提出殘酷的要求，我就默默地接受，」俞凱爾苦笑說。

鳳飛飛每周往返台灣、香港錄影，在她婚後再次合作，俞凱爾明顯感受到她的轉變，變得更成熟、更加關心弱勢族群。「飛飛常在節目裡安排訪問弱勢團體，但這些其實是影響收視率的。」鳳飛飛不以為意，甚至還提議到台北啟聰學校拍攝歌曲〈溫暖〉的MV。〈溫暖〉是首希望發揮人類良善本色，互相幫助扶持的歌曲，鳳飛飛希望能把歌聲帶給啟聰學校的小朋友，還特地去學了手語，以手語取代演唱，俞凱爾想起這段往事，心頭對鳳飛飛的舉動仍覺溫暖。

俞凱爾長鳳飛飛一歲，只是她出道得早，算是俞凱爾的「前輩」，談起鳳飛飛，言談間更多像是在談論妹妹般的不捨。「別人常問我，鳳飛飛是個什麼樣的藝人？〈掌聲響起〉這首歌就等於飛飛的一生。」

鳳飛飛很小就背負著眾人期待的目光，大家引頸期盼她的演出，她對自己的要求也很高，掌聲背後有著更多不為人知的辛酸，〈掌聲響起〉娓娓道出她的一生，讓她在唱這首歌時每唱必哭。「所以當節目收視率下降時，我就安排她唱〈掌聲響起〉，只要飛飛一哭，我的收視率一定好，百試不爽。」俞凱爾善盡節目製作人的角色。

「我常說真正大牌的藝人就像鳳飛飛，她從來不遲到，有時拍外景天還沒亮就得集合，我們倆都在比早到的。」走紅後的鳳飛飛也沒忘了自己的根本，「她一直都很台灣、很本土，」俞凱爾覺得與鄧麗君相較，鄧麗君很早就到日本發展，鳳飛飛與台灣的連結更深，「某個時期的台灣流行音樂等號於鳳飛飛。」

鳳飛飛是非常敬業的藝人，對演藝工作有與生俱來的天賦，後天又不忘努力，「台灣有鳳飛飛、香港是梅艷芳，我覺得她們的特色是雷同的。」俞凱爾如此分析。

「她對每件事都是『活在當下』」，俞凱爾覺得現代人常曲解了「活在當下」

的意義，以為要好好享受，才是活在當下，「這是錯的，佛教禪學裡『活在當下』說的是專心做好每件事。」在俞凱爾眼中，鳳飛飛最奉行「活在當下」，「她做每件事都很認真，而且享受那過程。」

「就連對嘴，飛飛也是對嘴對最好的一個。」拍過那麼多歌手，唯有鳳飛飛「嘴形、換氣0.1秒都不差」，俞凱爾形容，「因為她都現場唱出來，她對每件事都很用心，尊重導演、也尊重這工作。」

「飛飛非常了不起，」想到她刻意將過世的消息延遲到過完年才宣布，「全世界的藝人沒人像她這麼低調，這麼替人著想。」俞凱爾記得最後一次與她見面，是某次去中國在香港轉機時，鳳飛飛坐前排、他坐後排，一直到飛機抵達香港，兩人站起才發現竟坐同班機，開心地一路走、一路聊到拿完行李，彼此留下聯絡電話。

人生的航班，鳳飛飛已經抵達終點。對這位逝去的夥伴，俞凱爾想像她沒有離開、只是遠行，到了一個又遠又近的地方，遠到此生已無法再見；近在當想念時，隨時都能從心裡喚回那許多過去美好、難忘的回憶。

（梁岱琦／採訪）

1
9
8
4

她讓大眾文化向本土靠攏，她的咬字太可愛了！

受訪者／陳復明

陳復明念的是中國海專（現為台北海洋科技大學），在專二的時候跟同學組了樂團（當時稱呼樂團為合唱團）玩音樂，退伍後到夜總會演出，一開始在中央酒店，後來又跟著翁孝良去了統一飯店演唱西洋流行歌曲。

那時候翁孝良已經是有名氣的吉他手了，因此常去錄音室錄製國語流行歌曲，跟唱片公司也熟，唱片公司問說要不要組個團？於是翁孝良、曹俊鴻及陳復明這三位志同道合的樂手在一九八三年一起組了「印象合唱團」。因為時間很趕加上對於做唱片沒有太清楚的概念，所以第一張專輯大多以翻唱歌曲為主，同年第二張專輯開始部分有自己的創作，到一九八七年第三張的時候，創作的詞曲就更多了；印象合唱團的音樂與演唱，跟當時其他流行歌曲的風格不同，若不仔細聽歌詞，彷彿更像是在聽英文歌，新潮的編曲、優美的和聲、流暢的旋律，讓人聽了真的會搖頭晃腦的「擺開煩惱」。

事實上，在成團之前，製作人何慶清就已經找了曹俊鴻為剛加入寶麗金唱片的黃鶯鶯寫歌，曹俊鴻找了音樂上的夥伴陳復明一起合作寫歌，後來〈只有分離〉，及〈奈何不了自己〉，收錄在《只有分離》這張專輯，同時也成為黃鶯鶯的抒情代表作，在市場上交出漂亮的成績單。不久，何慶清要幫鳳飛飛製作一張以夏天為主題的專輯，此時陳復明心想，鳳飛飛已經是很紅的歌手了，以前在夜總會表演的時候，排在他們前面的歌手常常選唱鳳飛飛的歌曲，聽都聽熟了，這張跟夏天的主題不妨來個 Funk 和 Disco 的感覺，在節拍上也安排一些正拍、跳拍來讓整個歌曲更有活潑性，於是打電話給當時還在嘉義念書的何啟弘，請他寫詞。何啟弘動作非常快，然而，雖然寫好了但是要郵寄到台北才行啊，當時不要說 Line，連傳真機都沒有！於是在電話上，何啟弘念，陳復明手抄，也就是後來收錄在一九八四年《仲夏》這張專輯裡面的〈夏的季節〉；同專輯還有一首歌是〈天空依然蔚藍〉，陳復明說，除了描寫天空的顏色以外，也隱喻著人世間的各種紛擾是不需要在意的，因此發展成一個慢歌；把天空擬人化，而鳳飛飛就是天空的代言人。另外，陳復明的弟弟陳復平，寫了〈午夜的街頭〉的曲，一樣是何啟弘作詞，該歌曲收錄在一九八五年《彤彩》專輯，當時的唱片公司是北聯唱片，大刀闊斧請來第一把交椅的俞凱爾掌鏡拍攝MV（當時稱為MTV），電視播出後佳評如潮，成為擺脫歌手在風景勝地前走來走去對嘴式的第一首MV。

陳復明在印象合唱團發了三張專輯、與曹俊鴻成立可登唱片，又持續的為其他歌手創作，漸漸由演出者正式走入幕後製作，在可登唱片時推了不少歌手，如鄭怡、伍思凱、崔健、馬毓芬、黃大煒、鄭智化、劉德華、莫少聰、黃小琥等，成績斐然。一九八六年的《我們——作曲家的故事》，集合了曹俊鴻、鈕大可、陳志遠、梁弘志等，在五位音樂好友，你幫我、我幫你的友情與熱情下完成，甚至合聲也是自己來，到現在仍被認為是珍貴而難得、集合大師們的「鉅獻」。其中歌詞說道：「世界不會同時下著雨，也會有陽光照耀在心底，什麼樣的夢該要清醒，什麼樣的夢該要繼續」，旋律琅琅上口，卻也一語道盡人生取捨之間，本有得失。後來，五位大師雖沒有繼續在可登唱片聚首，然而在華語歌壇的努力，個個都成為巨星背後的巨星。

「我喜歡鳳飛飛，」陳復明說，「你可以知道她唱得非常直接，像那樣子的一個節奏，起碼對她，或對國語流行音樂來說，是一個比較不一樣的嘗試，她在那節拍裡面走得好自然。」尤其〈夏的季節〉裡面那句「跟著我來……」那個「來」的發音有台語的口音，陳復明笑著說：「超可愛的。」對於鳳飛飛的咬字，他覺得是很大的個人特色，如同唱英文歌曲，因為歌手來自不同的國家、城市，就會有不同的口音，例如英國會有愛爾蘭、倫敦、利物浦，美國也會有特別的南方口音，如同 David Bowie（大衛．鮑伊）跟 Elvis Presley（貓王，艾維思．普里斯萊）就是不一樣，這就是一個招牌特色。

有一次，在三重的白金錄音室錄音，陳復明到一樓影印，正好看到鳳飛飛在錄音室跟呂子厚討論細節而且門沒關上，（當時似乎是在錄〈掌聲響起〉）呂子厚看到陳復明，馬上幫兩人介紹，鳳飛飛開心的說：「我知道，您是幫我寫〈夏的季節〉、〈天空依然蔚藍〉的陳復明。」當下，自認還沒有什麼名氣，而一個如此大牌的歌手竟然馬上脫口而出他的全名，讓他感到非常驚訝跟開心。現在回想起來，陳復明想用一個感覺來形容鳳飛飛：「以國語歌來講，鳳飛飛獨有的帶著一點點台灣國語的咬字，特別可愛。她的唱法跟風格，是第一個讓大眾文化向本土靠攏的開始，而不是本土去受大眾文化影響的。」「從哪邊來當然應該要有那個 Character（個性），也不用去更改……，讓個性明顯清楚，我不認為是她的本意，但是她唱歌就是這樣，對於唱出來的感覺跟咬字口音，反而是在國語流行音樂裡面出現了更有個性的唱法。可是很好聽啊！」又是一連串復明陽光式的笑聲。陳復明認為，鳳飛飛唱歌時，不僅表現純熟的歌唱技巧，更重要的是在感情的詮釋，與做足功課的內化外現，當他聽到《鳳聲歲月》專輯裡面，鳳飛飛翻唱李香蘭的歌曲〈分離〉（梁樂音曲，李雋青詞）這首歌中，初次聽到她詮釋 Jazz 的樂風，是那麼地舒服自然，讓他形容當下的感受為「佩服」二字。「當你聽〈想要跟你飛〉這首歌的時候，最後轉調時，真的有心碎的感覺」，但從另個角度想，起碼有過三十年跟心愛的人一起，這一點又值得欣慰。

知道鳳飛飛過世時覺得「太可惜了！」陳復明認為鳳飛飛一定是平常就大量接觸不同類型的音樂並且聽很多歌曲。「她不只是聰明，是有智慧。」「她不論在舞台上或錄音室都是在最佳狀態，以鳳飛飛的年紀，不論神態、身形、體能，狀態都非常好，隨著歲月，音樂風格的加入是一個階段一個階段的。」這讓陳復明想到國外知名女歌手芭芭拉．史翠珊（Barbra Streisand），隨時把自己準備好、近八十歲還在巡迴演出並且唱功一流。鳳飛飛也是一樣，隨時充實自己，讓自己在 Stand-By

的備戰狀態，保持努力並且一直往前走。
「鳳飛飛就像是芭芭拉・史翠珊。」

（王美代／採訪）

只有她和我一起去印刷廠

受訪者／何啟弘

何啟弘是嘉義鄉下長大的小孩，爸爸開西藥房，對他的期待就是要他長大當醫生。國中時，校長是自己的親二伯，中午吃了便當就被叫到辦公室去開外掛「補習」，但是何啟弘說自己不愛念書，也跟其他小孩不一樣，不太愛出去玩，喜歡在家守在收音機旁，伸出兩根手指，一根準備按錄音鍵，一根準備按暫停鍵，把喜歡的歌錄成「愛歌集錦」，零用錢慢慢存，拿去買黑膠唱片回家聽，一首一首的享用，一遍一遍的看歌詞，這樣就很開心了。那時候何啟弘就買了很多鳳飛飛的黑膠，還為了要買到瓊瑤電影《金盞花》的原聲帶（〈一顆紅豆〉、〈月朦朧鳥朦朧〉、〈金盞花〉，都是鳳飛飛唱的），每天去隔壁電器行問：「有了沒有？」沒買到手不罷休。

國中畢業後，進入嘉義農專，同學大多是農家子弟，下課就幫忙務農，但是何啟弘家裡是開藥房的，所以在班上他是咖啡裡面的牛奶，膚色特白。他常常幻想自己過著不同的生活、見著不同的人，腦子裡編織喜怒哀樂交織的人生與劇情。那時校園民歌正風行，齊豫、李建復、鄭怡等等代表人物，透過民歌比賽站上舞台並且廣為人知，許多歌曲在大眾媒體上大量的播放，那股催促年輕人創作的浪潮，肯定帶來影響。何啟弘於是寫了很多歌詞，到照相館去拷貝後，寄給所有他所知道的唱片公司。當時他知道曹俊鴻寫了黃鶯鶯的〈只有分離〉、蘇芮的〈驀然回首〉等等，讓他覺得非常厲害，於是也特別毛遂自薦的寄給曹老師看。有一天，跟曹俊鴻一起在印象合唱團的陳復明打了個電話給他，說要寫一首跟夏天有關的歌，何啟弘很快就寫好交件，當時是用長途電話一個字一個字的念，陳老師抄下來，「這個經驗，讓我對我的青春期念念不忘。」畢業後去當兵，那首歌紅了！就是鳳飛飛《仲夏》專輯裡的〈夏的季節〉。

〈夏的季節〉是何啟弘在十七歲時寫的，他笑著說：「我現在覺得自己當初在裝大人。」後來還有一首〈午夜的街頭〉，是何啟弘在半夜K書準備月考，聽到家門外的汽車聲寫下來的。他不否認那時候寫的歌詞就是自己對人生體驗「想像的投射」，後來因為經驗豐富了，就有了「量身定做」的功力。他退伍後，抱著決心，隻身北上，這次不是投稿歌詞了，是投企劃案。他選定各唱片公司旗下有空間可以重新規劃的歌手，撰寫企劃宣傳的想法，不同的唱片公司就有一份針對不同歌手做的企劃案，何啟弘覺得自己有點小聰明，結果，很快的就被寶麗金唱片通知面試並順利錄取。在寶麗金四年，何啟弘很感謝長官與同事給予的養分，離職前夕被交辦幫張學友寫一首詞。也是很快！當天晚上就寫好了。何啟弘說，大家都以為那是一首情歌，其實那時候是因為要離開老東家，心裡覺得很捨不得而抒發的創作，那首歌就是〈吻別〉。

幫那麼多大牌歌手寫詞有壓力嗎？「我那時候還不懂壓力，就是一個爽而已。」很多人要他分享創作的訣竅，何啟弘坦言，他很怕人家找他去教課或演講，「因為我不喜歡長篇大論說怎麼寫詞，因為其實沒有規則，努力生活感受當下快樂的享受、痛苦的享受，多年後就會是果實，提筆，字就會冒出來。」

何啟弘跟鳳飛飛的交集，在他到了科藝百代後，再次展開。那時鳳飛飛準備要發一張專輯，是把從民國二十年代至今的台灣歌謠，包含甚至未經發表的歌曲，總共大約兩百首，經過整理篩選後發表出來。鳳飛飛感念到台語歌曲相較於國語流行歌曲，是個弱勢的市場，為此，鳳飛飛特別親自拜訪作家小野，希望能給予意見，挑選出適合的歌曲，並用原來是一九三四年鄧雨賢的〈單相思〉後來由周添旺一九三七年重新填詞的歌曲〈想要彈同調〉作為專輯名稱，期待與時代連結。何啟弘擔任的是第二輯的企劃工作，到錄音室去探班時，看到台灣文史工作者莊永明老師把一首首歌曲的背景、社會、人文、民俗習慣，解釋給鳳飛飛聽，讓鳳飛飛在唱的時候能有獨到的掌握之處，這兩張專輯確立了鳳飛飛對土地的認同與情懷，也展現一個歌手在銷售掛帥的前提下還能堅守這份對本土的情感來推展台語歌謠的努力。鳳飛飛對自己在乎的人事物都要知道細節，對唱片公司來說是「工作」，但是對鳳飛飛來說是「作品」。

莊永明老師曾說：「還好有鳳飛飛，有了她的歌聲才能覺得踏實，也唱出我們的依靠，唱出我們找尋的軌跡。」

專輯錄製完成後，何啟弘去安和路鳳飛飛家接她，再到印刷廠去看裝幀設計的對色與細節，「沒有一個歌手會跟我去印刷廠，鳳姐是唯一一個。」很多人警告何啟弘說這位歌手很龜毛，但是他覺得可能因為自己是超級鳳迷，不管怎樣的要求他都特別有耐心。「我巴不得天天跟鳳姐混在一起。」

何啟弘回想起他在復興電台有個節目，那時鳳飛飛來接受訪問，何啟弘一看到鳳飛飛馬上毫無保留，面對面向鳳姐訴說自己有多喜歡她，「鳳飛飛是神耶！」記得那時鳳飛飛笑翻了。

當接到製作人陳國華邀請，要為鳳飛飛想念亡夫寫一首歌填詞時，何啟弘直覺的寫下第一行：「你那邊有沒有人陪你聊天」，何啟弘說：「通常習慣的寫法是第一句要悲哀，但是我不想，因為看新聞已經夠難受了。」鳳飛飛在媒體前形容自己哀痛欲絕，吃飯時眼淚滴到飯碗裡，拌著飯吃，先生病逝，是鳳飛飛這輩子最大的磨難，這些令人心疼落淚的言語仍在耳邊，想念一個人不需要哭天喊地，安靜的想著反而特別深刻。「你那邊需不需要有人陪，我想要愛你疼你像從前」，每一句都淡淡的，但是放在歌裡面，就進入到鳳姐的心情。當時何啟弘有很多莫名其妙的靈感紛沓而來，把鳳飛飛的「飛」帶進去歌詞，把國語台語混著寫，因為這就是鳳姐說話的習慣啊！交件之後，聽到的回覆是「可能沒有要用」。當下何啟弘雖感遺憾但也很釋懷，過幾天又傳來好消息說鳳飛飛要用他的歌詞，「我很開心！我就是鳳迷咩。」

在二〇〇二年以前，台灣尚未加入世界貿易組織（WTO），詞曲版權方面尚未有成熟的利用模式與概念，常常出現翻唱歌曲的詞曲作者以「不可考」或「佚名」帶過。何啟弘去日本旅行時，發現很多很耳熟的日本曲，台灣曾由鳳飛飛翻唱過，例如〈心影〉是日本演唱家五木宏（五木ひろし）的〈夜空〉，〈流水年華〉是青井輝彥（あおい輝彥）的〈只有你〉（あなただけを）、〈夢難留〉是美空雲雀的〈雜草之歌〉（雑草の歌）……，若不是鳳飛飛翻唱，我們不會去注意到，好比〈想要彈同調〉，鳳飛飛如此嚴肅認真的去考究被淡忘或未發表的台語歌謠，再唱出來，以對本土歌謠創作者的尊崇；或有其他人這樣做，但是沒辦法像鳳姐如此有擴散力，因為鳳飛飛有一定的高度與廣度。「這個蠻偉大的，」何啟弘說。

何啟弘從十七歲開始寫歌，退伍後，二十出頭就進入唱片公司。唱片業就是這樣，有打宣傳、上廣告、搭劇的歌，比較有機會紅，其他有的歌曲連 MV 都沒有預算拍，顯然成功的機會的確比較低。但是鳳飛飛的歌不管怎樣都很紅，而且不是在鳳迷之間獲得好成績而已，她的成功是被大眾所歡迎，是全面性的。

大約十年前，何啟弘就決定不要在產業體制內，而是以自由接案為主，「有人找就寫，沒人找就生活。」他深信，努力生活就會知道怎麼寫歌。

至於與鳳飛飛的緣分，「這我要沾一點光，我的生命跟鳳姐的連結不是很緊密，但是在重要時刻，就是會在一起。」

（王美代／採訪）

飛在演唱會的路上

——鳳飛飛最後的受訪紀錄

王祖壽

即便很多年過去了，歷史圈點的那一天依然鮮明，鳳飛飛來到我的廣播節目(1)，我們相識廿七載，頭一回在空中談天說笑。

鳳姐蓄勢待發，為宣傳演唱會(2)專程從香港而來，我的節目是她在台北的最後一個行程，一個小時之後她從電台直奔桃園中正機場返港。

沒多久，毫無徵兆，她的演唱會突告取消(3)！戲劇化的轉折鳳姐隱而未發，從此音訊杳茫，再接到訊息時她已從人生舞台遠去(4)，一切措手不及。

那天我們現場見，事先沒有任何對詞、談話提綱，就這麼開門見山的聊，萬萬沒想到，我是最後一個訪問鳳飛飛的人，也是最後一個和她見面的媒體。

我訪問過鳳飛飛無數次，尤其這是她生涯最後一次訪談，太珍貴了！這次Melisa為鳳姐出書，飛碟電台節目部經理陳祥義提供音檔，我整理以文字紀錄收存留念。如今回首，鳳姐最後的受訪裡，她對畢生投注的摯愛：舞台、歌壇，乃至愛子、老友……無處不在，天意安排，字字句句都是她給我們留下的聲聲叮嚀。

二〇一一年四月二十八日星期四下午一點

王祖壽（以下簡稱壽）：她的歌聲不但陪我們一起奔向彩虹，而且一起飛向新世紀，這麼多年來陪伴著我們一起唱過、一起走過，不管是在電視裡，或者在舞台上，在不同的年代，呈現不同的滋味，今天非常難得請到她，我們來歡迎永遠的帽子歌后，鳳飛飛！

鳳飛飛（以下簡稱飛）：嗨！祖壽好，哇哈！這一刻等了好久啦。

壽：飛飛今天馬上又要回香港去啦，抽出這麼珍貴的時間能夠親臨現場，所有的歌迷們都在等待。

飛：話說比較長遠一點，聽眾朋友也許不曉得，祖壽壽哥早年在報社的時候，我們是真的非常要好的一個親密戰友。

壽：我出道的時候就獻給鳳姐了（笑），那時候鳳姐剛好主持《飛上彩虹》(5)，我初出茅廬，懷著一個非常興奮的心情，在長官帶領下小記者能夠跟飛飛見到面。

飛：一晃眼幾十年，你不覺得回過頭來看，像今天我第一眼看到在飛碟電台的你，那種感覺是說不出的一種親切啦，好像是見著多年沒見的家人。真的一點都不誇張。而且真的祖壽在這一路，從過往在報社時代，我們一路不只是記者跟歌者的身分，是一個好朋友的身分。

壽：可是好朋友，我還是非常的客觀喔。

飛：真的。

壽：今天一開始我們兩個倒敘舊起來了，大家應該都急著想知道飛飛的近況。從當年最早的歌廳巡演，然後一直到了演唱會，在二〇〇三年的時候，妳打開了演唱會的一個全新的時代，哇一晃眼從〇三到現在又隔了八年的時間了。這八年每隔一段時間，我們的鳳姐就在舞台上，為我們展現最風華的一面。

飛：我私下也在聊，特別在這幾年從〇三年過後，我每兩年都會在國內舉辦一次演唱會，這個過程是愉悅的、是開心的、是進取的。那最起碼就是說，這樣子年齡的一個藝人，還有這份這麼好的一個寄託，我要珍惜它。

壽：你講到年齡，我在今天報紙上看到昨天的記者會，現在還是有很多報紙，難免就會把鳳姐的年齡寫得很詳實。

飛：就好像昨天佼佼說，啊我怎麼會講那麼久以前的事情？為什麼要暴露？佼佼說，妳不說我們在網上都可以查得到。

壽：佼佼非常的風趣，昨天他主持您的記者會，在他的廣播節目裡就已經先聽到了，他說，他何德何能，這麼棒啊！他能夠主持到鳳姐的記者會。

飛：我說佼佼，不是說我誇你，我覺得我很少看到一個主持人沒有詞窮的時候，你完全沒有過耶，在我印象中。

壽：我覺得任何媒體人碰到鳳姐，其實通通變成歌迷了，而且都變成小歌迷，那個心情都含羞帶怯，難免會忘詞，我等下如果有凸槌的地方要多多包涵一下。

飛：唉呦，怎麼可能。

壽：鳳姐剛剛講到了每隔兩年辦一次演唱會，過程是非常的愉悅的，我每次看妳的演唱會在舞台上面帶給我們的都是對歌曲非常喜悅，非常疼惜歌曲的這個心情妳在表現著，可是我相信在這所有的背後，應該是付出了非常多的心力，非常辛苦。

飛：是，一場演唱會從很多地方，有很多很多功夫要做，編曲上就要下很多功夫，可長可短，短啊半年，長的兩三年也都有。你也知道一些音樂人，都有不同的自我要求，那我也是屬於那種機車型的、龜毛型的。

壽：龜毛對機車剛剛好。

飛：哈哈，這次舉辦台灣歌謠演唱會，很多人問我說，為什麼只有唱台灣歌？那我說，我唱台灣歌謠是很早很早，從民國六十幾年就開始唱囉。

壽：沒錯、沒錯。

飛：一路以來呢，我陸陸續續的出了很多有關台灣歌謠的專輯。

壽：鳳姐在七〇年代早期的時候，就為我們灌錄了非常多的台灣歌謠專輯，歌林的時代灌過了至少四張，包括〈西北雨〉……。

飛：〈西北雨〉啊，〈心酸酸〉、〈白牡丹〉啊，然後〈月夜愁〉。

壽：到了九〇年代的時候，《想要彈同調》又有兩張，至少兩張(6)，然後經過了不同的年代，妳都在細心的整理這些台灣歌謠，而且呢，還有主持至少三次的《鳳懷鄉土情》電視專輯……

飛：四次的。

壽：哇，一路的一步一步一直醞釀到今天，終於能夠在舞台上面來做一個整場的呈現。

飛：正正式式的，真的來好好的唱歌，台灣歌謠。

壽：所以一點都不唐突。(7)

飛：不唐突！其實我必須要表白一下，對於這個衝動，要想辦台灣歌謠演唱會，就是說，在剛開始還不是鳳飛飛的年代，我已經對台灣歌有非常深刻的一個感情以及基礎在，對！後來出道的那段時間，礙於那個年代電視節目對閩南語歌曲有限制……。

壽：鳳飛飛在那個年代裡主持《我愛周末》(8)就唱過〈月夜愁〉，哇，整個節目裡面只一首閩南語歌曲就已經非常轟動。

飛：我蠻訝異，一首台灣歌謠很多來信寄到電視台，我才發現，台灣歌原來有那麼多人在期待，那我應該朝這個方向多唱一些台灣歌謠。

壽：其實台灣歌謠很多詞意非常的深刻，即使台語講得不夠流利，我們都非常喜歡聽。

飛：對！印象最深刻就是《想要彈同調》的時候，請小野做文案，請柯一正幫我拍了一個專輯，也請鄭恆隆先生收集所有的資料，他真的是對台灣歌謠喔——好喜歡！(9) 這過程當中，我發現歌謠的年代，你如果進一步去了解它的詞曲作家的一個背景，他當時的一個生活環境的話，你會更佩服他們的精神，對創作的精神。

壽：在妳專輯裡都有非常詳細的介紹。

飛：是，就是說日據時期到後來，那就是台灣早年很多詞曲作家的遭遇、際遇都很心酸啦，而且坎坷啦！

壽：往往都是在人走了以後他的歌才紅。

飛：有時候走了以後，還不見得人家會知道他的作品，譬如〈悲戀的酒杯〉(10)。很多台灣歌謠的創作者，譬如鄧雨賢、周添旺，後來洪一峰的歌曲，葉俊麟的〈淡水暮色〉歌詞，還有〈南都夜曲〉是一位女士作的曲，叫做什麼……

壽：郭玉蘭。從這樣來發想，真的都是一個尋根之旅耶。

飛：這次舉辦歌謠演唱會，除了多年以來自己想唱台灣歌謠的一個心願，二來就是對這些詞曲作家創作精神的一個致敬，藉這個機會讓年輕一代的朋友們能夠了解，其實歌謠，你要仔細深入去了解齁，它的歌詞是有意境，它是立體的，它是有故事空間，再加上旋律的時候，我是覺得非常棒。其實台灣歌的歌詞可以很文雅，可是現在年輕人創作的台灣歌就是很坦白。

壽：我已經看到鳳姐的表情了，對，很坦白。

飛：其實坦白歸坦白啦，這次我的台灣歌謠演唱會裡除了有歌謠、民謠還有現代的流行曲，通通有安排，我安排曲目的 range 大概將近橫跨百年都有。

壽：精挑細選，我最好奇是妳怎麼會要唱〈向前走〉？(11)

飛：我覺得百年要有這種精神，要向前走。

壽：妳真的會唱 rock 嗎？還是妳把它改編成比較抒情的版本？

飛：完全是 rock，比較 light rock，比較 light metal，因為這麼陽剛的一個男孩子的歌曲，譬如什麼「像我這種憨仔」！

壽：對啊。

飛：我打從娘胎也沒有這種唱腔。

壽：對對對，很可愛耶，唱得很順了吧？在家裡練的……？

飛：很順了。這個歌本身是一個勵志歌曲，是年輕人要到台北去發展，精神主題是非常棒，所以這次在後面的ending曲裡頭我就用〈向前走〉，我認為整體來說，歌謠也像人生，有悲有喜有歡樂有憂愁，大家不管怎麼樣都要向前走，所以才會挑到這首歌。

壽：喔，是有含意的，聽妳這樣講，台灣歌謠在鳳姐的演唱會的歷程裡面，一次是不夠的，我覺得至少還可以辦十次。

飛：唉！哈哈哈哈，因為我第一次嘗試全台語歌的一個演唱會，坦白說，昨天的記者會後一出來，我的心情是新兵入伍，沒試過，不曉得情況怎麼樣？唱台灣歌我覺得不困難，唱國語歌更流利，會不會有喜歡聽國語歌的朋友，覺得說妳怎麼都沒有唱〈掌聲響起〉、〈月朦朧鳥朦朧〉？

壽：聽說都在家裡模擬演出，現在是不是已經把客廳都搬空了對不對？

鳳：要，因為這是我的慣性，包括樓梯都要順。

壽：家裡是樓中樓嗎？

飛：沒有，只是做四個階梯，自己訓練眼睛不用看樓梯，就可以上下，我以前就這樣子操練過，因為在舞台上，你不能老是眼睛盯著地上，在走下樓梯的時候，它的高度、跨出去的那個步伐有多寬，熟悉讓自己的心裡很習慣，減輕在演出時的擔心。

壽：那家裡的這個樓梯的高度，跟舞台的樓梯的高度會一樣嗎？

飛：我會要求他們，要求硬體就是做一樣的高度。

壽：大家聽到了沒，這就是鳳姐，對於每一個 detail 都非常的要求，妳要求自己我們其實都很疼惜，因為呢每次看到鳳姐都說，鳳姐妳能不能多吃一點啊？可是呢，我相信妳一定都是要維持在台上這個扮相，一定要符合大家在當年看《飛上彩虹》的那個感覺。

飛：我也不是吃不胖的那種，我三兩天吃得比較過分一點的話，小肚也是會微凸的。

壽：妳說的過分是怎麼個吃法？

飛：也就是連續幾個晚上跟朋友出去吃飯，然後就是吃一些比較油膩的，吃完就睡覺的那種，也很快喔，小腹微凸就跑出來了，也是會胖的。可是我已經蠻有自制能力，就是說能夠盡量控制在自己的體重範圍，不過，最近是操得比較凶啦，為了這次四面台操著操著，自己有瘦了一點。

壽：而且我記得上一次的演唱會我採訪妳的時候，妳說不管晴天雨天，妳都要出門跑步，訓練自己在舞台上整場演出所需要的一個肺活量啊。

飛：好可怕！一個演唱會所消耗的體力是非常可怕。

壽：可是我覺得妳的毅力更可怕耶，下雨天妳穿帽T也要出門跑步！

飛：我想不浪費任何一天能夠訓練自己體能的一個機會，所以我很堅持，除非颱風天啦。

壽：真的，上次鳳姐到高雄，我打聽鳳姐住在哪裡？然後呢，我心想，到了飯店鳳姐可以好好的休息一下了，結果我聽說的是，在高雄飯店的對面有個……。

飛：市政府旁邊有個小公園！直接在那邊已經開始跑起來了。

壽：我本來想跟妳問候一下的說，結果，蛤！鳳姐出去跑步了啊？太厲害了。

飛：有一年到新加坡，飯店附近沒有比較空曠的地方，想到游泳池，游泳池其實很多客人在，我也不方便跑，後來沒有辦法，我就在飯店的停車場，頂著三十六度的天氣，就在停車場那邊跑了。

壽：飯店停車場通常應該都在地下室嗎？

飛：沒有！在戶外，跑得一身汗，我想就是不管怎麼爭取空間，要訓練自己的肺活量。

壽：所以我們每次看妳的演唱會整場下來三個鐘頭，唱到最後妳的音量還有歌聲的穩定度，都能夠保持在剛出場的同樣水平，就是每天、每天這樣子不間斷的苦練而來。

飛：抱歉！還是有凸槌的時候，聲音破了啊、有一些上不去的。

壽：那是 live 嘛，live 一定有情緒的。這次妳的台灣歌謠演唱會還選唱〈家後〉(12)？

飛：對。

壽：這首歌曲啊，有一點擔心吔，會不會在台上……？

飛：其實在練唱的時候，已經開始有感而發了，我昨天就想啊，人家江蕙沒有結婚都把〈家後〉唱的那麼好，那我已經結了婚呢，應該好好的把它唱得更有感覺。我在編曲上已經開始做了一個不同的調整，讓自己在情緒的抒發上有不同的一個心情，畢竟自己也做了二、三十年的「家後」啦，這種心境下再唱這樣子的歌曲，我相信就有……

壽：非常期待呢。

飛：他們說妳怎麼會選這首？因為很喜歡，而且在近代的台語流行歌曲來說，它算是一首非常棒的、很重要的、重點的歌，所以我一定要選。

壽：這首歌呢就像妳剛剛講的，不論江蕙結婚沒有，每個人聽這個歌也可以想到自己的爸爸、媽媽或四周的朋友們，夫妻生活的一個情況。

飛：用想像的空間去唱〈家後〉也都OK，但實際上我相信有更複雜的一個情愫在裡頭，我在家裡練的時候，譬如說「我的一生已經獻給你們家了，然後才知道幸福是吵吵鬧鬧」，確實是這樣子，每個夫妻都會拌拌嘴，不代表就是不好，我覺得鄭進一寫詞的功夫、力道很夠，把這種台灣媳婦的心情點到很奧妙的一個境界！但整個歌還是感性，有一絲絲的傷感。

壽：聽到鳳姐為我們分析〈家後〉，感覺整個投入這首歌曲的情境，又有更深一層涵義在，妳以前演唱會裡面唱過的〈心肝寶貝〉，都是大家必聽的。

飛：為了〈心肝寶貝〉，我們前一陣子在開製作會議的時候，這次導演是郭子，他有自己的想法。

壽：我覺得鳳姐就是因為妳對現在流行的事情都能夠吸收，多年來不論妳錄唱片，妳在節目的表現，始終讓人有每次出來都有一個全新的感覺，而這又建立在妳既定的一個基礎面上。

飛：其實在國內的歌唱圈的一些消息呢，也不是八卦，我只是關心。譬如張惠妹剛出的新唱片，那個主打歌、MV也很棒，像這類的我都有留意，目前台灣的新一代的一些創作我都有去聽，有一些真的很棒，像青峰的創作，整體台灣的創作已經又走到另外一個新浪潮上了。

壽：新一輩的詞曲作者或歌手他們有新的音樂的薰陶，因為現在網路世界這麼發達，可是呢，我也相信一個承傳，譬如青峰或阿妹在演唱會裡選唱到鳳姐的歌，這是鳳姐當年你們一路下來的貢獻。

飛：在不同年代，有過往的歌曲，後續就有年輕的一代，重新翻唱，用他們的心情，用不同的編曲的包裝，給這首歌再有另一種不同的風貌跟生命，我覺得這個是好事。

壽：非常棒！講到〈心肝寶貝〉，現在彣子[13]已經成人了，這個媽媽的心肝寶貝，這兩年來他特別的陪伴媽媽，我相信鳳姐應該心情非常的、非常的不一樣吧。

飛：孩子聽話，真的很懂事，這一兩年，他基本上放假都一定回來，就算在英國的時間也幾乎每天都有 skype。

壽：哇！

飛：有時候他不讓我看到他凌亂的房間，那我還是說，你給我看吧！我兒子我從小看到大……

壽：對了！媽媽很會檢查的，有沒有檢查到什麼女朋友出現了？

飛：有女朋友正常，沒有女朋友媽媽擔心。

壽：媽媽是怕他交到外國女朋友（笑）。他喜歡音樂嗎？

飛：太喜歡了！他喜歡的 range 太寬了，交響樂、流行樂、hip-pop，但他其實有選擇性的，現在時下的流行歌曲他不是走那種前衛的，比較不同調性的，那我覺得你為什麼會聽這種歌？你把歌詞說給我聽，喔原來他的心境是喜歡這個方向的……。

這孩子本身還是比較屬於內向一點，所以他對欣賞歌曲的選擇，我很訝異。以前譬如說在小時候，小學他也參加過交響樂，拉那個 double bass，中學的時候呢，他也參加 choir，後來越長大了聲音變調了沒有辦法唱。

壽：那媽媽的歌，他喜歡哪一首？

飛：媽媽的歌，他基本上是精神支持（笑）。

壽：其實鳳姐那麼多年來在歌壇有很多好朋友，今天也有歌迷傳真來提到，譬如說像鄧麗君，鄧麗君以前也是鳳姐的好朋友，鄧麗君的生日宴，鳳姐有去參加，而且我還記得當年妳跟鄧麗君的合照，太經典了，《民生報》登過，那張照片現在我收藏著。

飛：出書吧，好好的整理出來。

壽：這要慢慢來(14)，和鄧麗君的交情還有印象嗎？

飛：不錯，她是一個很爽朗的女孩子，是體貼的人，很體貼。

壽：是，這一次鳳姐的台灣歌謠演唱會，歌迷們非常希望能夠在北、中、南三場演唱會裡面，再度聽到我們鳳飛飛為大家演出。

飛：時間我稍微 announce 一下，六月二十五號在高雄巨蛋，七月十六號在台中戶外圓滿劇場，七月三十號在台北小巨蛋，各位——就——來吧！那我唱台灣歌的演唱會是怎麼樣的一個感受呢？要來才知道。

壽：今天鳳姐在我們現場的這麼感性的呼籲大家，就，全部都來吧。

飛：來吧！因為我很用功，而且這次很多歌的編曲，我昨天還跟兩位編曲家，也是我們這次的樂隊 band leader，櫻井弘二還有呂聖斐，他們一個負責弦樂的部分，一個是在那個 band 的部分，都非常盡心盡力的在做最好的一個音樂上的準備。

壽：我相信，因為鳳飛飛永遠都在做最好的準備，所以呢，我們一定要來聽鳳飛飛為我們唱所有好聽的歌曲，這是我們生活精神上最大的支柱。

飛：期待大家給我在現場的時候加油！

壽：謝謝，下次再見。

飛：謝謝、謝謝。

（本文整理於鳳飛飛離世十周年，捐贈鳳飛飛慈善基金會）

註：

1 《飛碟一點通》（二〇〇八—二〇一七）飛碟電台每周一至周五下午一點現場直播，二〇一一年四月二十八日特別來賓鳳飛飛。

2 鳳飛飛台灣歌謠演唱會，原訂二〇一一年六月二十五日高雄巨蛋，七月十六日台中圓滿戶外劇場，七月三十日台北小巨蛋舉辦。

3 二〇一一年五月二十七日主辦單位大大娛樂對外宣布取消。

4 二〇一二年一月三日鳳飛飛肺腺癌病逝香港。

5 一九八四年八月中視《飛上彩虹》開播，每周六晚上八點檔播出九十分鐘，鳳飛飛演藝主持生涯新顛峰，演藝圈栽培人才的黃金搖籃。

6 《想要彈同調1》（一九九二），《思念的歌．想要彈同調2》（一九九五），《想要彈同調精選輯》（一九九七）。

7 指鳳飛飛演唱會只唱台語歌。

8 一九七五年鳳飛飛首次主持綜藝節目《我愛周末》，台視每周六下午三點現場直播六十分鐘。

9 鄭恆隆作詞、作曲〈阿娘的心〉，鳳飛飛主唱，一個母親到頭來的心境與處境，最後「父母養育的恩情／全無仰望你來還／只愛你來阮面前」。全曲只有一把吉他伴奏，鳳飛飛娓娓道來，如同在燈下守候，尤其唱到「全無」二字的低迴令人鼻酸，收錄在《想要彈同調精選輯》、《想要彈同調最精選》（二〇一二）。

10 作曲家姚讚福（一九〇八—一九六七），同一旋律在一九六六年慎芝改填歌詞〈苦酒滿杯〉，謝雷主唱，風靡一時。

11 〈向前走〉，林強作詞、作曲，林強主唱，滾石唱片（一九九〇）。

12 〈家後〉，鄭進一作詞、作曲，江蕙主唱，大信唱片（二〇〇一）。

13 鳳飛飛獨生子趙彣霖 Benjamin。

14 託鳳姐的催生之福，《王祖壽。歌不斷》二〇一四年十月三采文化出版，全書共三十章，第四章鳳飛飛。

沒完沒了的對詞，害我不敢去廁所，快崩潰！

受訪者／趙樹海

當兩人從舞台兩側上台，一句「趙先生、趙太太」逗得觀眾都笑了，曾經在《飛上彩虹》節目裡與鳳飛飛一搭一唱的趙樹海，是個不知天高地厚的自稱「趙先生」，不但嫌「趙太太」的口條不好，還敢在舞台上調侃她，想起當年「犯上」的言行，趙樹海感謝鳳飛飛的寬宏大量，為了工作可以容忍他的直言不諱。

接下《飛上彩虹》的單元主持工作前，趙樹海坦承他跟鳳飛飛根本不熟，「我們是不同路線，我是民歌、她是流行音樂；我是歌手、她是超級巨星，我們很難同場演出」，唯一一次合作是在民國七十三年，也是《飛上彩虹》在中視播出的同一年，五月二十日慶祝總統、副總統就職，中視製播、三台聯播的《四海同心》晚會，由他和鳳飛飛聯手主持。

那時趙樹海剛以益智比賽節目《大家一起來》嶄露頭角，「我是民國七十一年到中視的，一年半內演了四個連續劇，後來主持《大家一起來》的第二年，一個偶然機會，不知道是誰找上我的，要我在《飛上彩虹》裡跟鳳飛飛搭檔，做類似秀場裡說說唱唱的單元，但我覺得不適合，就約見面討論，提議要不要改成相聲，一樣是兩個人，還是可以唱歌。」

雖然年紀較長，趙樹海依照演藝圈輩份，還是尊稱一聲「鳳姐」，只是跟「鳳姐」碰面時，該說的他還是直接挑明了講，「我說，說相聲有個難度口條要清楚，鳳姐，妳的口條需要改善。」趙樹海解釋他是「就事論事」，但多年後，還是覺得當時的自己講得太直接了。「我是何許人？主持《大家一起來》紅了不到二年，只是個剛出道的主持人，我是她的晚輩，她願意給我機會，我居然這樣跟她說話。」幸好鳳飛飛的肚量大，不計較他造次的言行，還願意嘗試從沒試過的雙人相聲，趙樹海感佩地說，「這也顯示了她為了表演的容忍度有多大。」

趙樹海分析，那個年代流行的「秀場式」說說唱唱，是由不同的段子組成的，但相聲是創造一個段子，約十到十五分鐘內都圍繞著同一個主題，再由兩人「一個拋梗、一個接，一個正面、一個反面，一個傻瓜、一個聰明，一個嚴肅、一個詼諧」。

因為鳳飛飛從未接觸過相聲，聽著趙樹海解說著細節，覺得很有興趣，願意照著他的提議，從說說唱唱改成雙人相聲，而既然要做，那得從基礎開始練起。

說相聲的口條要抑、揚、頓、挫，已經被嫌口條不好了，鳳飛飛還得從「國語正音班」開始上起。覺得鳳飛飛的發音「不在份兒上」，趙樹海可是不客氣，直接從ㄅㄆㄇㄈ開始糾正，花了很多時間從頭練習注音後，趙樹海接著要求腔調，還有什麼時候該接話、什麼時候該留空間讓觀眾笑。

當時鳳飛飛已經結婚，每個星期從香港飛來台灣錄影，光為了這短短十五分鐘的單元，她和趙樹海、編劇、執行製作就得花上一天討論。趙樹海堅持至少得用上一天的時間，「不給我一天的時間，這表演不起來，會毀了鳳姐。」他說得直接，鳳飛飛對節目求好心切，在溝通主題的過程中，「她讓我比較多，畢竟這方面她不是很熟悉。」有時來回同一句話，鳳飛飛不厭其煩地說上四、五遍，就為了能說得字正腔圓，「我怕太勉強、要求太高，偶爾編一些主題是台語的，她就能修理我，她一糾正我的台語，底下歌迷都哈哈大笑，效果很好。」

內容主題由趙樹海提出後大家討論，單元後唱什麼歌，則是鳳飛飛決定。「歌曲是她選的，我再告訴她可不可以唱合聲，或是試試看能不能輪唱，」趙樹海稱讚，

「鳳飛飛是天生的音樂家，音感非常的好，不管怎麼唱，都不會被我拉走。」

這個單元叫「趙先生、趙太太」起因於平時鳳飛飛都稱呼趙樹海「趙先生」，某次上台時，他忽然回了一句「趙太太」，鳳飛飛在台上愣了兩秒後才回答，觀眾笑翻了，「從沒人叫她趙太太，但她是趙太太沒錯啊，」趙樹海的臨場反應替兩人的演出增加了火花，但他也清楚，「我這是占她便宜！」

「欺負鳳飛飛是很危險的，」趙樹海知道當時鳳飛飛對鳳迷而言，是有如神祇般的存在，「我修理鳳飛飛的結果不是死、就是活，」必須得要天時、地利、人合各方條件都能配合，「可是我下手前哪知會不會得罪鳳迷？」

在相聲關係裡，必須要有一人扮傻瓜，但該是誰？合作前，趙樹海曾問過鳳飛飛，「妳介意嗎？這個傻瓜有時是妳、有時是我。」鳳飛飛不但不介意，還表示她不要做個嚴肅的人。趙樹海觀察到，「事實上，鳳姐很幽默、也很調皮，骨子裡就是調皮Y頭，只是沒機會表現，她是被塑造成歌壇巨星，很想有機會逾越一下這界限。」

短短十五分鐘的單元，趙樹海和鳳飛飛花了一天來討論，「我們不用腳本，從頭一遍一遍地來，」他坦承兩人不一定合拍，「是她的敬業態度讓這件事完美了」。

鳳飛飛才剛接觸相聲，就要參與共同創作，有時在發想段子時，與趙樹海一來一往，自己忍不住都笑了，「這是好的，自己都笑死了，那台下一定也覺好笑，如果自己說都覺尷尬，那乾脆就不要說了。」

當年雖然界定為相聲，但以今日的角度看來，兩人合作更像是脫口秀，趙樹海說，「脫口秀稿子準備八十％，臨場反應占二十％。」有時看台下的反應再加個兩句。譬如，當年是現場錄影，看到有人起身，趙樹海臨機一動在台上問：「你要去哪？」台下觀眾回：「去放尿！」全場爆笑，這就是信手捻來的臨場反應。

《飛上彩虹》確定停播，趙樹海能理解她的決定，「你想想，她又要主持、又要唱歌、又要跳舞、又要演短劇，還要跟我脫口秀，要花很多時間排練，只做四個月（一九八四年八月十一日至一九八四年十二月八日）是有道理的，累死了。」

趙樹海覺得現在的綜藝節目腳本都準備好，「只是照本宣科」，寫完腳本就已經知道效果，沒辦法臨場發揮，只能「偶有佳作」，像鳳飛飛這樣從前置作業就完全投入，「她費心費力在各環節上，上台主持節目怎麼能不順利？」

雖然《飛上彩虹》收視率很高，但鳳飛飛堅持見好即收，中視找來俞凱爾製作新節目《黃金拍檔》接手。很多人不曉得，趙樹海曾經幫巴戈和鄒美儀主持的歌唱綜藝節目《雙星報喜》寫過主題曲，後來俞凱爾也請他幫忙寫《黃金拍檔》的主題曲，「原本這節目不叫『黃金拍檔』，是叫『飛越彩虹』，」趙樹海透露，所以他寫的歌最後一句是「飛越彩虹心開闊」。但「彩虹」系列是鳳飛飛專屬的，旁人怎可隨便用，最後「飛越彩虹」改成了「黃金拍檔」，可是趙樹海一交完歌就住院開刀了，節目名稱已改，製作單位只得在錄影時當場改歌詞，將最後一句改成了「黃金拍檔心開闊」，對自己的歌詞被更動，趙樹海多年後仍感不平，覺得這最後一句改得也「太滑稽了」。

《飛上彩虹》的「趙先生、趙太太」單元頗獲好評，俞凱爾希望在《黃金拍檔》也能延續此單元，「該找誰一起來講呢？」趙樹海想到了同為民歌手的王夢麟，將他與鳳飛飛的合作模式搬到了《黃金拍檔》裡。

趙樹海形容自己是一絲不苟的人，王夢麟很怕他認真，因為他說不行，就是不行。「這段五個字就五個字，不該有虛詞，就連哼、哈都不要有。」趙樹海形容他就是要求得如此仔細，讓王夢麟很害怕。

不過，「一山還有一山高」，鳳飛飛的嚴謹連趙樹海都怕了。

他記得跟鳳飛飛第一次合作《四海同心》晚會時，因為男、女主持人各由舞台的兩側上台，錄影現場是在中華體育館，可容納一萬多人，舞台也很大，中視就把兩位主持人的休息室，各放置在舞台兩側，「兩個人休息室不在一起，不能討論、怎麼對腳本？」

那是個還沒有對講機的年代，所以一下台，台上表演節目正進行，就看到鳳飛飛從舞台的左邊快步跑到舞台的右邊，來找趙樹海對台詞，「我門一打開看，是她，隔了一會兒，再去應門，怎麼又是她，沒完沒了的對詞，害我不敢去廁所，快崩潰。」趙樹海形容，主持別的活動時，有時找搭檔的主持人對詞，「對方還愛理不理」，不像鳳姐「別人是讀你千遍，她是對你千遍」，只要換好衣服她就出現在趙樹海休息室門口，「她幾乎每一段都來，」趙樹海無奈地說：「台詞已經很熟了吧……，門一開，又是她！」一對完詞，鳳飛飛就立刻跑回去，氣喘吁吁地上台，「想想看那時中華體育館的後台有多大，她還要沿著球員休息室走廊繞一圈，才能回到自己那一邊。」趙樹海第一次感覺到，主持人的休息室放在兩邊，很難見面，真的不合理！

鳳飛飛不容許有任何差錯的堅持，讓趙樹海甘拜下風，《飛上彩虹》裡，「趙太太」在台上偶爾會被「趙先生」逗笑而有點小忘詞，下台後明顯看到她臉上有自責的表情，「趙先生」覺得這是真性情，能在舞台上做個不同於平常的「趙太太」，也許只有短短的十五分鐘，鳳飛飛恢復她調皮、男孩子氣的本性。

「我覺得她蠻快樂的，」多年後，「趙先生」懷念起「趙太太」這麼說。

（梁岱琦／採訪）

1
9
8
8

一封傳真真性情也最惜情

台中市政府客委會主委 江俊龍

莫名的，小學四、五年級就開始喜歡鳳飛飛，家中總有鳳飛飛的唱片，大人不在，就自己播來聽，還學著唱那些歌。到了有隨身聽以後，更不需要局限在家中，隨時都可以聽，不過因為阮囊羞澀，所以去夜市買了盜版，至今仍有不安之感。後來打聽到台中公園附近的商場有絕版專輯可以打到對折，於是跟店家混熟以後，到手歌林時期的原版如〈你來了〉、〈你家大門〉、〈相思爬上心底〉，這些歌曲伴著我度過聯考的壓力與青澀的歲月。

上了大學之後，擔任「南青社」社長，一九九八年也剛好是鳳飛飛歌唱生涯二十週年，因為從小就心儀已久，打算幫學校（國立台南師範學院）的九十週年校慶籌劃「永恆的彩虹」專題；當鳳飛飛知道我們這群大學生有意採訪她，二話不說，馬上從澳洲傳真一封信函來祝賀，信中盡是感謝與鼓勵，清新自然的文字，謙卑誠懇，像久違的朋友般熟悉。這份原稿傳真由於時日已久，字跡消失，讓我至今懊惱不已！而更讓我感到驚喜的是，鳳飛飛透露了一個大獨家，她提到有復出的想法並且已有孕在身，接下來也有發新專輯的打算。這不只是一封溫暖的傳真，更是大爆料給了獨門新聞！讓我對這份喜悅感同身受，雀躍不已。

十年前的農曆春節過後，元宵也過了，大家正開心過了一個好年。一個隱瞞月餘的原子彈爆炸了！透過律師在台北的記者會，告訴大家：來不及唱的歌，下輩子再唱給大家聽。當時我正在教育部開會，接到友人來電告知，頓時腦中一片空白，無法繼續討論公務。開車返家途中，收音機像機關槍一樣，把剛被原子彈炸過的我，又再掃射一輪。

我完全不買單，我認為有幾個可能：她只是暫別螢光幕，就像她過往總像一陣旋風，回台宣傳結束就返港。或者為了台灣歌謠演唱會攻蛋，要應付豪華的四面台，壓力過大得了憂鬱症想退出江湖，於是掰了一個超瞎的理由，告別歌壇，對大家撒了瞞天大謊！第三個荒謬的想法是，她把自己冷凍起來，有朝一日醫療技術進步了再來浴火重生？

三天後，我因急性心肌梗塞發作住進加護病房裝了支架，轉進普通病房後，看到電視仍不停的報導，我才終於願意接受，是真的，她離我們遠去了。

看到財團法人鳳飛飛慈善基金會成立的消息，我默默的捐了款，記得我拿到的捐款收據編號是03。七年後，我擔任台中市政府客委會主委，竟然收到基金會捐贈的二十萬元，指定要照顧鄉下長者，安裝居家安全扶手避免跌倒，隔年又獲捐款扶持弱勢家庭身障者。我個人小小的捐款，竟然反而得到基金會一連兩年的捐助善舉。

大學時期我得到鳳姐親筆傳真，三十三年後得到鳳姐的基金會給我任職市府的捐款，這份情誼我時刻銘記心底，我也懂了：「鳳姐，我會放鬆的，不然我的支架可能又要多幾支了。」

鳳飛飛是從困苦中成長的鳳凰，她也身逢中美斷交外交陷入困境之艱難時刻，她用歌聲溫暖著大家，對於生養她的父母家國，用至情至性的歌聲唱出感恩，這就是台灣人所說的「惜情」。

台灣之寶、第一巨星，鳳飛飛當之無愧。

雲未散，只是閒適在藍天
曲未竟，要讓歌聲存人間

鳳飛飛辛苦了，走遠了。走得多遠我們就想妳多久。

鳳飛飛親筆傳真原稿如下：

好想念台灣，好想念大家。此刻我非常想和您們交心一談，我深感到：人與人心靈的相通，過去曾否相識並不重要，你們有同感嗎？我的同行洪小喬曾寫過：「生命真如一首歌，每唱一首歌，就如講一段故事。」我頗有同感。我曾唱過許多曲子，也就如講了一段又一段的人生故事，我講的故事，幾乎都離不了情。有的是母子的親情、有的是朋友的溫情、有的是對國家民族的薄雪之情。歌者不外乎是在傳情，我相信歌藝可寄情淨化，將情昇華，因此可令情永恆，我將會朝這個方向踏之。你們將來要當老師，師者是在傳道，是崇高的，而歌者只能傳情，是平凡的。然而：道是可淨化情的，相信情也可能昇華為道吧！再過幾個月，我要重新投入歌唱，您們肯再為我鼓勵嗎？
在90週年特別的日子裡，
深深的祝福大家。

鳳飛飛
DEC, 88'

1
9
8
9

我的媽媽不正常

受訪者／趙彣霖

「我在家裡看電視，竟然看到我跟媽媽出現在電視裡！」讀小學的趙彣霖心裡納悶著，會出現在電視上的不都是很厲害的人嗎？後來，竟然又在電視裡面看到媽媽在唱歌！彣霖抱著忐忑的一顆心去問爸爸，爸爸回答他：「啊？你不知道？你怎麼這麼笨？」終於才明白，原來媽媽是有名的鳳飛飛。

彣霖還記得，媽媽在家中總是播放著英文歌曲，像 Michael Jackson（麥可・傑克遜）、Carpenters（木匠兄妹）還有一些六、七〇年代的英文歌，不過有件事很奇怪，媽媽聽一首歌會聽很多遍，而且還會在某幾句反覆的聽，彣霖是個注意力很容易被有趣事物吸引走的小男生，一邊急著想去玩、一邊回頭懷疑著，是不是唱片壞掉了？

一天，正在吃早餐，只有彣霖跟爸爸，突然有筷子掉在地上的聲音，不到一秒彣霖被拍了一下，「你怎麼又摔筷子！」媽媽站在後面說著。彣霖看著自己兩隻手，筷子還在啊……，這時爸爸出聲了：「不好意思，是我掉的。」但是媽媽還是對著彣霖說：「下次不要再掉了！」彣霖用「大人！我是冤枉的——」那種語氣說：「我覺得情何以堪啊！」

彣霖很平靜、語速很平均地敘述著，小時候家裡常常上演媽媽對我「武力鎮壓」，我就展開「捉迷藏遊戲」，爸爸就一副「不干我事」，偶爾被鎮壓得太慘時，爸爸才會來安慰我。去年彣霖去二伯家拜年，堂姊說：「以前去你家，十次有五、六次看到你在跑給你媽追。」彣霖笑著說，不記得了，不過很驚訝頻率高達五、六成。二伯說，爸爸對彣霖的哥哥姊姊都很嚴厲的，可是沒有印象爸爸打過彣霖，他很認真想過，後來有答案了，因為輪不到爸爸出手。「別人家是嚴父慈母，我們家是嚴父嚴母，不過爸爸一直沒有機會展現嚴父的樣子。」有一陣子，彣霖參考了「蠟筆小新」的招式，很喜歡見人就抱，因為這樣媽媽就不能鎮壓他，不過後來發現會更慘，要加倍奉還，所以這招後來就不敢用了。

鳳飛飛只有彣霖一個小孩，自是想疼又希望能培養他獨立的個性，跟先生早就決定要送彣霖去英國念書，不過還是進行了一個「假民主」的家庭會議，媽媽問：「美國？澳洲？英國？你想去哪兒念？」彣霖回答：美國。媽媽說：「美國玩的東西太多了，誘惑太多。」彣霖想想，自己堂哥是去澳洲念書的，就澳洲吧！「澳洲沒啥好學校」，接下來只剩英國囉，父母兩人拍掌叫好，就去了英國。假裝讓你選其實他們心裡早就想好了，「多民主啊！」彣霖現在講起來覺得小時候真的中計了！爸媽把彣霖帶到英國，在宿舍安頓好之後就離開了，彣霖說：「他們把我扔下就走了，而且後來我才知道他們竟然還又去法國玩！」剛開始的幾個月，不但想家，又要克服語言的障礙，雖然在香港時就已經特別加強英文，但是他很習慣開頭先講一句 Actually，就常被同學嘲弄。彣霖說，二十年前難免會有歧視的問題，不過他不認為同學是惡意的，只是小朋友之間的玩笑，後來彣霖憑著優異的成績，還讓高年級的學長在午休時間來請他教數學；彣霖在香港時學習擊劍，到了英國除了念書沒其他事，就想繼續練習，無奈學校無此社團，於是彣霖跑去找學校商量成立，後來因為老師學習的是 foil（銳劍），而彣霖是 Epee（重劍），因此反而變成彣霖在教大家。彣霖在英國求學生涯漸入佳境，後來又進入英國的大學，成績優異讓媽媽非常開心。

彣霖小時候非常喜歡看漫畫，於是媽媽會幫兒子買，也會託朋友從台灣成套成套的帶到香港去。有一天，媽媽告訴彣霖：「我把你的漫畫整理了一下，丟了三分之一。」彣霖一檢查，發現是每一套的中間幾冊被丟了，氣急敗壞地問媽媽：「為何妳的三分之一都是丟中間那幾本？妳至少問過我，拿去賣還能賣錢，這下子不成套只能丟掉了！」當然鳳飛飛就是想全丟的！竟然搗蛋的丟了所謂的「三分之一」，其實就是「十分之十」。這是媽媽跟自己調皮的記憶之一。

彣霖說，不管是否有演唱會，媽媽每天一起床，不論晴雨、不論是否身體不適，就到頂樓去做至少三十分鐘的開嗓練習，因為太大聲，還被鄰居投訴，之後媽媽就用個紙杯把嘴巴蓋住，降低音量。還有在家裡把舞台服、高跟鞋穿上，帽子戴起來，每天把每一首歌至少唱三十次，還自己一邊唱一邊上下樓梯，如果覺得衣服上一朵花會擋到麥克風，那就拆掉，如果覺得帽子方向不對，影響手勢，就調整，覺得高跟鞋不適合，就換一雙。很多人說媽媽是天賦好，但彣霖不覺得，「我相信所有表演者都沒有做到這個地步，媽媽不論是否有演出，每天都做開嗓練習，演唱會前一定加強運動增加肺活量，我相信沒有多少人能做到像這樣。」要把一件事情做好並不是達到「別人的要求」，而是要達到「對自己的要求」，至少彣霖看到媽媽是這樣的。

「我以為媽媽做這些事是跟大家都一樣的，後來看新聞才知道別人是演出前開始嚴格加強鍛鍊，但是媽媽一年四季都這樣。」記得跟媽媽一起去用餐，服務生端來餐點，媽媽嘗一口覺得有胡椒，推給彣霖吃，另外請餐廳重做。送來第二遍，還是有胡椒味，餐廳肯定的說沒有，但媽媽猜想可能炒前一道菜是有胡椒的，於是改點沙拉，於是彣霖一連吃了三盤一樣的餐點；鳳飛飛為了唱歌，辣的冰的甜的，全都不沾不碰。對於演唱會的服裝搭配，鳳飛飛很有自己的想法，彣霖看到媽媽翻閱服裝雜誌，把兩套的上下身分開組合，簡單的畫在自己筆記本上，對於演唱會的構想也會隨手寫在上面。「二〇〇三年演唱會，媽媽說要安排一個打電話給我跟大家謝謝的橋段，我隨口說好，媽媽很驚訝也很開心我答應的那麼爽快，等到時間接近時，『Oh, No!』我就開始哀號了！我超級緊張，竟然要跟幾千人說話！」現在回想起來仍然很慶幸有遵守承諾完成這件事，也藉此表達對媽媽全力的支持；至於爸爸的反應是，非常驚訝也很驕傲媽媽可以把現場幾千人的情緒帶領得如此充滿感性與歡樂。

趙先生病了兩年，在頭一年，彣霖是不知情的。一直到復活節假期回香港，看到爸爸接受化療樣貌有了變化，彣霖才發現。媽媽仍堅持爸爸接受治療比較穩定了，要彣霖以課業為先。大約二個月後，彣霖剛考完第一學年的期末考，接到媽媽通知要他趕回香港，彣霖去改了機票正準備上飛機，爸爸走了，來不及了！回到香港，彣霖摟著媽媽說：「辛苦了。」原本看起來很平靜的媽媽開始哭了起來。

因為曾有過「來不及」的悔恨，知道媽媽生病以後，怎麼樣都不願意再離開媽媽身邊。彣霖辦了休學。「媽媽還是想完成演唱會的，可是在家練唱時會發生一度失聲的狀況，而且越來越糟。」即使身體受著病痛，鳳飛飛仍然維持起床練嗓，甚至因為醫生開的營養液裡面含糖分而不肯服用，怕影響唱歌。彣霖說到這邊，深深的嘆了口氣。「媽媽是嚴以律人，更嚴以律己，我 copy 不了媽媽樹立的典範，我完全跟不了！」

彣霖說，媽媽從來沒有說過希望他長大做什麼，因為媽媽小時候沒有機會選擇，她希望彣霖不要跟她一樣，媽媽從十四歲就開始在歌廳唱歌賺錢，分擔家裡的經濟壓力，雖然很辛苦，但是媽媽總是說很慶幸是一份自己熱愛的工作。媽媽對於家鄉大溪更是念念不忘，曾經說過：「大溪是我的故鄉，它不僅是我成長的地方，也是鋪起我最幸福的童年歲月。如果你問我，最想回到生命中哪一個時光，我會毫不考慮地說，就是在大溪成長的這段年少歲月，因為它雖然短暫，卻讓我一輩子回味無窮；它雖然平凡，卻給了我最精彩的歌唱夢想。」因此趙彣霖讓媽媽落葉歸根，回到大溪。至於慈善基金會的成立，是媽媽有感小時候沒能選擇多念點書，常常以此為憾，所以希望透過基金會能幫助缺乏資源而無法念書的小朋友，目前基金會不定期捐款助學及幫助弱勢團體，彣霖很謙虛的說，一切都還在學習中。

「謝謝媽媽為我所做的一切，謝謝當年她的教育才有今天的我，請不要介意我，不像歌迷們那種想法，想要多聽些歌多點表演，這些我都不需要，我只是想謝謝她作為一個媽媽，從小到大對我的栽培教育。當然了，如果能減少一點武力鎮壓會更好。」

大家認為彣霖含著金湯匙出生，異常的幸運，事實上，鳳飛飛教養兒子的方式算是非常嚴格，前一天犯的錯若不明白，隔天會加倍的罰。彣霖看到媽媽異於常人的反求諸己，堅強果決，在兒子心目中，不管是什麼事情，永遠難不倒媽媽。雖然彣霖覺得自己沒辦法像媽媽一樣遇到困難總能解決，但是永遠感謝媽媽，給了自己認真不失幽默、謹慎並有智慧的人生鑰匙。

（王美代／採訪）

1
9
9
4

在她的歌聲裡得到新的力量，又能重新面對明天

受訪者／黃韻玲

鳳飛飛的歌聲始終是最溫柔、堅定的力量。直到現在，黃韻玲仍會與好友一起重看鳳飛飛演唱會的DVD，她們跟著音樂一首首地唱，在歌聲裡忘卻挫折、彼此鼓勵，無論人生走到那個階段，鳳飛飛永遠是黃韻玲心裡最溫暖的陪伴。

小時候，看著舞台上手姿旖旎的陳蘭麗、甄妮、崔苔菁，她們的歌聲被形容成黃鶯出谷，她們的舉手投足充滿了女人味，黃韻玲以為女明星都必須要這樣才行，一直到鳳飛飛的出現，才給了她「一線曙光」。鳳飛飛一身長褲、戴著帽子，做著那年代少見的中性打扮，談吐也不是所謂的字正腔圓，在眾多女明星裡顯得與眾不同，不一樣的鳳飛飛，改變黃韻玲對女明星的印象，在她幼小的心靈埋下了顆種子，「原來也可以是這樣的」，雖然還不確定未來要做什麼，但暗自想朝著這樣的目標

努力。

鳳飛飛點燃了黃韻玲心裡的火苗，一發不可收拾，讓她成了追星一族。

一談到小時候追星的過程，黃韻玲眼裡閃著慧黠的光芒，那時她和趙詠華同為台北基督教兒童合唱團的成員，大家都知道她喜歡鳳飛飛，有天趙詠華悄悄地說：「我跟妳講個秘密，鳳飛飛就住我老師家的對面。」黃韻玲一聽心中大喜，下了課就跑去鳳飛飛的住處門口守候，打算要一「堵」偶像。

從不避諱她對鳳飛飛的崇拜，黃韻玲在學校會與同為「鳳迷」的女同學互相討論，在那個節目看到鳳姐、聽到鳳姐那些歌，〈一顆紅豆〉、〈我是一片雲〉、〈月朦朧鳥朦朧〉，都是那時她很喜歡的歌曲。黃韻玲小小腦袋裡裝滿各式古靈精怪的想法，她發揮天馬行空的想像力，自己編寫劇本，指揮同學們演戲；在家錄廣播節目，假裝是電台主持人，介紹一首首自己喜歡的歌曲；甚至到電影院裡看鳳飛飛首次挑大梁，和梁修身主演的《春寒》時，異想天開拿起相機想要拍下兩人對唱山歌的「劇照」，結果閃光燈一閃，引來電影院裡觀眾的側目，還得趕快換位置，免得被抓。

然後，應該是在小六升國中的暑假，鳳飛飛主持的《一道彩虹》對外徵求節目主題曲，黃韻玲寫了首歌，天真地想要親手拿給偶像。已經忘了歌裡到底寫了些什麼，黃韻玲記得自己帶著簡譜跑到鳳飛飛家門口，滿腔熱血希望將這首歌獻給偶像，多年後談及此事，「當時覺得這是上帝給我機會，但現想想，一個國中生拿著張簡譜到明星家門口，對方一定覺得很突兀。」

黃韻玲在鳳飛飛家門口等了很久，最後是鳳媽媽受不了，出來詢問：「小妹妹天色已經這麼晚，要不要回家了？」為了讓她死心，還送了張鳳飛飛的簽名照，上頭寫著「給韻玲小妹妹」，黃韻玲這才心滿意足地打道回府。

當時《一道彩虹》在豪華酒店錄影，開放觀眾索票入場，「學生怎麼會知道要去哪裡索票，」黃韻玲跟著同學穿著制服就混進錄影現場。那時星期六上午得到學校上課，下午下課後本該到合唱團裡練唱，黃韻玲卻偷偷缺席合唱團的課，跑到《一道彩虹》的錄影現場，遇到警衛來查票根時，根本什麼都沒有的她們，只得跑給警衛追。看了錄影後，黃韻玲才知原來電視上看到的節目，不是一氣呵成，為了求好，常得反覆重錄好幾遍，她在台下也感染到大家對鳳姐的喜愛，認識了來自不同地方的鳳迷們，共享對偶像的愛慕之情。

有次同學對黃韻玲透露，「妳的機會來了，」因為聽說摸到鳳飛飛頭髮的人可以許願！黃韻玲信以為真，衝到了錄影現場，個頭嬌小的她隨著人群蜂擁而上，竟然真的讓她摸到了鳳飛飛的頭髮，當時摸到偶像髮絲的感覺，至今記憶猶新，「鳳姐的髮絲很細軟，」黃韻玲邊細數做過的瘋狂舉動邊說：「這些都是青春的印記啊！」

喜歡鳳飛飛的原因有很多，除了覺得她與眾不同，黃韻玲更喜歡她「走入人群」的特質，「我是念敦化國小，以前會跑到台視門口想看劉文正。」劉文正是典型的大明星，讓人只敢遠觀，不敢靠近。而鳳姐正好完全相反，「她的節目是開放觀眾入場，主持時也會走近觀眾，近距離地問候大家。」就是這份親和力，讓鳳飛飛擁有跨世代、不同年齡層的歌迷。

多年後，當黃韻玲自己也成了歌手，在某個頒獎典禮的後台，她帶著小歌迷的心情見到了鳳飛飛，親口對她表白：「鳳姐我好喜歡妳，今天能夠在這裡，都是妳給我的影響，謝謝妳！」還說了當年跑到一江街住處去等她的往事，鳳姐則笑咪咪地回她：「妳也知道一江街？我後來就搬到信義路了。」

又隔了四、五年，黃韻玲接到製作人陳揚的邀約，當時他正在幫鳳飛飛製作專輯，覺得有一首歌詞比較像詩，問黃韻玲要不要試試看，將它譜成曲。「我當然要！」黃韻玲二話不說接下這難得的工作，這首歌就是作家張曼娟的詞、黃韻玲的曲，由陳揚製作的〈靜靜燃燒的夏夜〉。

「曲高和寡」是當時外界對黃韻玲的評價，雖然有才華、卻不受商業市場肯定，她在心中不斷反覆問自己：「我寫的歌真的是這樣嗎？」能夠為鳳飛飛寫歌，是每位創作者的夢想，何況擁有歌迷與創作者雙重身分的黃韻玲，她譜寫了〈靜靜燃燒的夏夜〉，交了曲子後，靜靜等著回音，也許會被要求修改，黃韻玲懷著忐忑的心情，但最後只被問了斷句能不能有所調整，整首歌幾乎沒改，就這麼過關了。

畢竟不是製作人，交了歌後，黃韻玲也不太清楚歌曲被塑造成怎樣的風格，一直到某天她坐在計程車上，聽著車裡電台播放的歌曲，先覺得這旋律好熟悉，好像在那裡聽過，接著又覺怎麼連歌詞也這麼熟，好奇這首歌怎麼這麼好聽、這麼特別，才恍然大悟原來是自己寫的作品。

後來，黃韻玲曾多次在節目裡聽到鳳飛飛演唱這首歌，看著看著，她總百感交集、忍不住落淚，「我在創作時，曾走過的點點滴滴都反應在作品上。」鳳飛飛雖只是在節目上演唱新歌，如同過去做過的無數回，但對黃韻玲而言，能聽到偶像詮釋自己的作品，彷彿獲得巨大的力量，「鳳姐只要在舞台上展現自己，就能鼓勵很多人，我也希望自己不只是寫歌而已，也能鼓舞到很多人。」

鳳飛飛的歌聲，總是在脆弱時給人力量。

七〇、八〇年代，台灣的經濟正逐漸起飛，很多人離鄉背井到都市裡打拚，這些窩居於加工廠裡的青年男女，為了生計而提早中輟學業，本該是無憂的年紀，卻得埋首於工作中，這時鳳飛飛的歌聲就成了他們最好的精神慰藉。「鳳姐透過音樂陪伴著大家，」黃韻玲這麼分析，「也許是在夜深人靜，思鄉之情油然而生；也許是受到委屈，無人諒解時，鳳飛飛的歌曲都能直觸人心，彷彿也從她歌裡得到新的力量，又能夠重新面對明天。」

「頭號粉絲」的名號太響亮，二〇〇三年鳳飛飛舉辦復出演唱會，主辦單位大大國際娛樂索性找來黃韻玲主持記者會，「我像是中了頭獎般。」黃韻玲帶著雀躍的心情接下這任務，記者會當天還安排她彈鋼琴，與鳳飛飛一塊合唱〈流水年華〉。儘管這首歌已經超級熟，自彈自唱更是常有的事，但為了這場記者會，黃韻玲還是私下練習了很久，可能是在偶像面前太緊張，覺得自己當天的表現並不好，時隔多年，說來仍是扼腕。

黃韻玲不時會與戲劇界、音樂界的好友，如林美秀，一塊重溫鳳飛飛演唱會，她們一邊看DVD，一邊跟著唱，唱（看）完一場演唱會後，覺不過癮，從頭再看一遍。在過程裡，「大家聊啊、唱啊，說說最近遇到那些走不過去的事，彼此互相鼓勵。」所有的不如意，隨著那一首首鳳飛飛的招牌歌曲，好似都變得雲淡風輕。鳳飛飛的歌聲陪伴她們多年，在不同的人生階段，無論遇到什麼樣的挫折，都能在她的歌聲裡得到療癒，找到重新出發的勇氣。

回想與鳳飛飛寶貴的相處時光，「其實，我大部分時間都在凝視著她。」在鳳飛飛身旁時，黃韻玲不敢太打擾她，只是靜靜地望著，腦海中浮現一路走來的畫面，感覺這是多麼奇妙的事。對黃韻玲而言，鳳飛飛的歌聲是如同空氣般的存在，「我要謝謝鳳姐，為這世界帶來如此溫暖的篇章。」昔日那個做著追星夢的小女孩，多年後白日夢一一實現，「想到在這段旅程裡，鳳姐帶給我的許多養分，就覺得感恩。」

如果有機會再見鳳姐，想對她說些什麼？黃韻玲略帶哽咽地說：「音樂上，我願意盡全力，為妳做一切的事，但是請妳不要把責任都放在自己身上，」想到鳳姐總是對自己要求極高，黃韻玲落下心疼的眼淚，「請妳，不是好好愛我，而是好好愛自己，因為大家是這麼愛妳。」這段話已無法親口對鳳姐說的話，是黃韻玲心裡深深的不捨與思念。

（梁岱琦／採訪）

1
9
9
5

讓人敬佩的歌者、姊姊

受訪者／周詠淳

「我從來沒有想過，我何德何能可以當鳳姐的助理。」詠淳眼睛不停眨動、語帶哽咽地說。

從一九九五年開始跟著鳳飛飛工作，十八年來，是老闆跟員工、是老師與學生、是姊姊與妹妹，也是朋友。鳳姐曾經開玩笑跟詠淳說：「我們這麼常在一起，姦情遲早會被發現！」詠淳心頭一驚，來不及發問，鳳姐馬上笑著說：「是堅定的友情。」

詠淳本來是個上班族，趁著工作空檔，就去電視節目錄影現場看鳳飛飛唱歌。詠淳說自己並不是瘋狂粉絲，但是因為有朋友一起追星，也覺得很有趣。當時鳳迷們常去鳳大哥經營的銀樓守候，希望有機會能看到鳳飛飛，鳳大哥雖然店務繁忙，但是對鳳迷非常友善，空閒時也會聊聊天。當時銀樓缺人手，鳳大哥看詠淳細心可靠，就要她去幫忙。詠淳喜出望外，暗自竊喜以後可以常常看到鳳姐，但事實是，每天都看不到！在銀樓店工作這段期間，詠淳認真負責的態度與老實的個性，讓鳳飛飛剛好需要找一名助理時，鳳大哥不藏私地向妹妹推薦了詠淳。自此，這份珍貴的情緣，展開了多少東征西討、海內外演出、繁瑣的聯絡工作與照顧鳳姐生活起居，一直延續到二〇一二年，在醫院淚送鳳姐最後一程。

詠淳說，鳳姐是一位讓人敬佩的歌者、姊姊，接近演唱會的時候，會進入「幾乎冒煙」的狀態，對小事也開始挑剔，不僅如此，鳳迷們排山倒海的「愛意」更讓詠淳每天都戰戰兢兢，想要把大家的情緒都安撫好，但是總覺力有未逮，未能周全，因此自己也哭了好幾次；曾經因為壓力過大身體健康出狀況，去看了中醫之後被「放血」治療，因為詠淳只能選擇最快速的方法讓自己恢復元氣，才能好好照顧鳳姐。「鳳姐從來沒有罵過我，即使我做錯，她只是告訴我應該怎麼做。」有時詠淳被掃到颱風尾被鳳媽責怪時，鳳姐會出來幫忙圓場，把詠淳救出來。鳳飛飛家中，上有兩位哥哥，下有一位弟弟，詠淳從銀樓店工作到當鳳飛飛助理，早已等同家庭成員，因此鳳媽稱詠淳「老五」，不過通常不是在和樂的氣氛下，而是在怒氣中，認為詠淳沒有把工作做好時，看到詠淳出現，就會說：「看，我們家老五來了！」詠淳說：「我為了鳳姐我甘願做到死，」她什麼都願意承受，包含被誤解的怒氣以及鳳迷的妒意。「我不是因為喜歡鳳飛飛的歌才成為歌迷，我是因為這麼多年看到鳳姐有多麼貼心、堅忍卓絕、為了自己喜愛的工作親力親為、付出比任何人更多的努力，她對自己的媽媽與趙先生的母親也事親至孝，鳳姐嫁到香港以後就跟婆婆住在一起，對婆婆的照顧，趙先生看在眼裡，而趙先生對鳳姐的感恩與感情，讓兩夫妻攜手度過所有喜怒哀樂。」詠淳說：「我真的很崇拜她！她什麼角色都扮演到一百分。」

從二〇〇三年到二〇一〇年，詠淳伴著鳳姐，完成了四十二場演唱會。詠淳記得二〇〇三年鳳姐復出在台北的演唱會，在後台休息室，詠淳正在洗鳳姐的保溫瓶，鳳姐走過來說：「袖子怎麼不捲起來？這樣會濕掉。」順手幫詠淳捲起衣袖。當時詠淳心裡好暖好暖。演唱會結束後，大隊人馬回到飯店，趙先生不想打擾妻子，同樣投宿君悅酒店但是另外訂了房間，鳳媽正帶了大批的朋友要去跟鳳姐道賀、合照；但鳳媽渾然不知當時鳳飛飛因為連日的壓力導致胃痙攣，躺在沙發上痛苦呻吟。「快！打給妳趙大哥。」鳳姐痛到咬牙，囑咐詠淳快求救，趙先生接到電話馬上聯繫在台北的醫師朋友用電話問診，隨後飛快搭上計程車去拿藥，送回房間給妻子服用，才舒緩了痛楚。眼看著一大群親友還沒招待，趙先生趕緊出面要大家讓鳳飛飛早點休息，請大家打道回府！詠淳說：「那晚，趙先生就是鳳飛飛的救美英雄。」

原本要在二〇一二年展開的「台灣歌謠演唱會」，是鳳姐的夢想。她一直想要把本土歌曲好好整理，帶上大舞台，讓大家由她的歌聲中，再一次認識到台語歌謠的美與背後的故事，同時也不願意大家淡忘了這些重要的本土詞曲作者。但天不從人願，鳳姐病倒了。那時候，趙先生已離世，彣霖在英求學，鳳姐是自己一個人在香港家中的。詠淳簡單收拾行囊，心急如焚飛到香港陪伴鳳姐的日常與就醫，看著鳳姐竟然沒有流下一滴眼淚、一路堅強，更讓詠淳不捨，每次說到這些，詠淳哭到把鳳姐應流未流的眼淚都一起包辦了。面對廣大鳳迷的謾罵與指責，詠淳只能默默承受並且如往常執行鳳姐交辦的各項工作；發行有聲出版品、成立財團法人鳳飛飛慈善基金會、捐助弱勢團體、整理維護龐大的衣帽，一切都沒有變，只是沒有了鳳姐在旁發號施令。

詠淳說，當鳳姐在醫院看到報告時，也沒有流淚。本來還不願意兒子返港陪伴，要讓彣霖把學期課業完成，但是彣霖很孝順，馬上放下一切辦了休學奔回香港。鳳姐接受了化療，但是因為體重過輕難以承受強烈的副作用，也曾聽人建議想要去日本接受新式療法。詠淳說：「要不是因為聲音啞了，否則鳳姐帶著這肺癌也仍然想要把台灣歌謠演唱會唱完的。」

那段日子，生活一切盡量如常。鳳飛飛信仰非常虔誠，會出門去走走上香，鳳姐心裡的苦從來不對人說，只會跟神明講，交託給神明去安排。現在彣霖車上的平安符，就是鳳飛飛在台北艋舺行德宮向田都元帥求的，原本在鳳飛飛座車上，鳳姐過世後，彣霖拿去掛在自己車上。「守護著鳳姐的神啊，現在請繼續守護彣霖。」詠淳是這樣想的。現在行德宮裡面還有三尊神像，是鳳姐從台北帶到香港，再從香港移到行德宮去敬奉的。

在鳳姐香港家中，詠淳寸步不離的守著鳳姐，有一天鳳姐說：「妳的頭髮怎麼這麼長了？來！我幫妳剪。」詠淳忍著不哭，讓鳳姐幫她修剪早已無暇注意而蓬亂的頭髮，剪完之後，詠淳跟彣霖說：「你也來讓媽媽幫你剪一下。」因為小時候彣霖的馬桶蓋頭，都是媽媽剪的，從剪刀、梳子、斗篷，樣樣齊全。看著鳳姐幫已經念大學的彣霖剪髮，詠淳心酸到不行，心想這是最後一次了！相信彣霖心裡也是百感交集。「彣霖這孩子很堅強，跟他媽媽一樣，彣霖沒有哭出來。」詠淳哽咽地說。

鳳姐嫁給趙先生，是另一段人生的展開。

鳳飛飛非常重視家庭，以前因為歌唱工作繁忙，很少有時間能享受家庭溫暖生活，婚後生子，圓滿了鳳姐對家庭的期待。報章曾報導說鳳飛飛復出開唱是因為趙先生有財務問題，詠淳氣憤的說：「才不是這樣！趙先生的生意很穩定，連在台灣也有公司。」其實二〇〇三年演唱會結束後，鳳姐也沒有想說要再繼續，但是因為演唱會的轟動與成功，讓鳳飛飛的自信心全撿回來了，也再次勾起鳳飛飛想要唱歌給大家聽的慾望。詠淳吞了吞口水，鼓起勇氣爆料說，一方面要彣霖好，一方面要面臨親情的拉扯，彣霖去英國念書離開家裡，讓鳳姐因為思念過度得了憂鬱症，就醫後康復不佳，趙先生二〇〇三年曾到台北，親眼看到鳳飛飛在舞台上的風采與魅力，深知唱歌是她的最愛，於是鼓勵妻子繼續開唱。「鳳姐面對空巢期，唱歌的確是最好的療癒。」詠淳說：「趙先生很了解鳳姐，是鳳姐最好的肩膀。感謝有趙先生，讓鳳姐的人生圓滿，擁有家的溫暖。」

「鳳姐讓我佩服的優點太多，唯一不好的是對自己要求太多、給自己壓力太大。」鳳姐甚至對自己得了肺癌這件事，表示此生快樂沒有怨嘆。尚未入院前，鳳姐聯絡律師到家中準備「平安信」，並且把要詠淳完成的事情清清楚楚地交代。「我無法想像為什麼她還能如此鎮靜，條理分明地處理所有的事。」

現在，詠淳繼續執行鳳姐交代的任務，努力不懈；任職財團法人鳳飛飛慈善基金會執行長，不定期捐助弱勢團體、舉辦銀髮健康講座、支持學童課後輔導，管理鳳飛飛相關權利，還有一件鳳姐交託詠淳的私事，「幫我照顧彣霖」。詠淳終於露出一絲微笑說：「彣霖真的很懂事，我很心疼他，爸媽都不在了，還能這樣堅強。」鳳姐過世後，彣霖回到英國把放下的學業完成後回港工作，因為疫情，詠淳也二年多沒有看到彣霖了，但彣霖非常有禮貌，常會打電話跟台灣的長輩們問安。鳳姐對於彣霖擇偶有沒有什麼條件？詠淳笑說：「都沒有，他自己喜歡就好。」

近二十年的相伴，看盡鳳飛飛的辛苦與風華，陪彣霖帶著鳳姐的骨灰搭機返台時，在飛機上，看到片片白雲，彷彿看到鳳姐的微笑。「鳳姐，回家了！」詠淳輕輕的說。

（王美代／採訪）

2
0
0
2

接到有如中樂透的電話，展開十年的情誼

受訪者／李明智

某天傍晚，台北忠孝東路SOGO百貨後的小公園，李明智的手機響了，電話那頭傳來他期待已久的聲音——鳳飛飛，這通電話開啟了兩人長達十年的合作情誼。鳳姐總是賦稱李明智是「憂鬱王子」，她以爽朗笑聲化解他的憂鬱，兩人最後的計畫是要辦場台灣歌謠演唱會，雖然鳳姐已離世，這場演唱會永不可能會有，但在李明智心中，他與鳳飛飛的合作永遠是未完待續……

那年，李明智十六歲，因為喜歡「溫拿五虎」，而去看了電影《就是溜溜的她》，接著又看了原班人馬主演的《風兒踢踏踩》，他喜歡鳳飛飛在裡頭唱的歌，只是那時的他，最喜歡的其實是鍾鎮濤。

等到自己創業、承接演出後，陸續舉辦了費玉清和甄妮的演唱會，李明智心裡

有個念頭，想辦鳳飛飛的演唱會。

鳳飛飛已經潛居香港多年，很久不曾公開露面，李明智耳聞她好像有意復出，試圖透過曾與鳳飛飛合作的導播孫家明來取得她的聯絡方式，屢次守在台視，想要不期而遇，可惜始終沒拿到聯絡電話，幸好後來他從孫導那獲知鳳飛飛有位貼身助理，想盡辦法找到這位助理，才有了可聯繫的管道。

「我單方面把我想做的演唱會，傳給鳳姐看。」李明智把預計北、中、南辦幾場，找那些樂手、燈光如何設計等完整的演唱會計畫，傳真到香港。鳳飛飛習慣以傳真的方式溝通，將企畫案傳過去後，李明智花了很長時間等答案，那時申請演唱會檔期，須於一年前送審，「我非常積極，」希望鳳飛飛能感受到他想辦演唱會的決心，一直到有天傍晚，李明智的手機響了，終於接到了那通朝思暮想的電話。

聽到電話那頭鳳飛飛的聲音，「我嚇到不知該說什麼，」李明智記得他就站在SOGO後面小公園的街口，努力說著對演唱會的規劃，希望鳳飛飛能理解自己的想法，講了很久的電話後，鳳飛飛想了想回說：「好吧，我們就來試試看！」李明智開心如中樂透般。

那是二〇〇二年的事，雙方有了合作的意願，李明智開始敲檔期，「鳳姐在秋天出生，她喜歡秋天，」於是演唱會就訂在二〇〇三年的十月底、十一月初。鳳飛飛對演唱會有一套自己的想法，她非常重視音響，覺得聲音最重要，還提出兩項關於場館的要求，希望場地的座位要讓觀眾坐得舒服，而且交通要便利，最好不要太遠，所有出發點都是為了觀眾著想，貼心地考量到來看演唱會歌迷的需求。

一確定演唱會日期後，前置作業如火如荼展開，會議常是從下午開到凌晨，李明智幾度擔心她太累，但「鳳姐親力親為」，總是親自參與討論。當時流行音樂的演唱會，還沒出現導演一職，但在李明智眼中，鳳飛飛就是自己演唱會的總導演，「我只是執行了她的想法。」

鳳飛飛習慣演唱會的曲目先出來，再針對歌曲做舞台、節目設計，許多細節都考慮周到，包括巡迴場次與場次間要相隔多久，她的體力才能負荷。演唱會實況錄影，若下樓梯時低著頭，攝影機拍起來不好看，得抬起頭，可是這樣又看不清楚階梯，對此鳳飛飛要求高跟鞋的高度、樓梯的寬度，她都必須知道。

鳳飛飛三十五周年演唱會於二〇〇三年十月三十一日從高雄至德堂起跑，睽違多時的個人演唱會，將復出首演放在高雄，也是她主動提出來的。一來過去鳳飛飛的歌曲深受作業員朋友的喜愛，高雄擁有廣大的加工出口區，把首演放在高雄，也是回饋他們長久的支持；二來已有多年沒公開演出，媒體一定會大篇幅報導，將台北的媒體場放在高雄首演之後，壓力也沒那麼大。

正當以為各方面都設想周到時，結果高雄首演總彩排，鳳飛飛就扭到腳了。畢竟有好幾年沒上台，當時舞台燈光昏暗，鳳飛飛一不小心沒踩好，就扭傷了腳，緊急送到醫院後，李明智擔心會不會影響演唱會的走位？後來趕緊加寬了樓梯的深度，鳳飛飛隔天正常演出，復出後的首場演唱會也在有驚無險中順利完成。

雖然多數時間都住在香港，鳳飛飛並未因此而鬆懈，她回香港後，繼續一個人做演唱會的排練。李明智舉例，演唱會上有很多載歌載舞的組曲，鳳飛飛在台北與舞群排練時，會將過程錄下來，回香港可以看著影像繼續練習。不只如此，有時舞蹈會使用些道具，不管是什麼，她一律要求寄一份到香港，供她排練使用，李明智笑說：「有次某段舞蹈使用了長板凳，我就真的寄了個尺寸一模一樣的板凳到香港給鳳姐。」

鳳飛飛提前飛來台北與樂手彩排，排練幾次後，她會把音檔錄下來帶回香港，「你看到她永遠戴著耳機，就是隨時在聽與樂手彩排的錄音。」李明智感嘆當鳳飛飛演唱會的音樂總監不簡單，鳳飛飛對歌曲有自己的想法，常希望能重新編過，可是歌迷永遠覺得原曲較好，該如何拿捏，考驗著音樂總監的功力。

與鳳飛飛合作過後，李明智覺得自己的武功躍進了「一大步」，她的經驗和知識幫助了他，更清楚如何辦好一場演唱會，甚至建立了一套與藝人合作的公式。從二〇〇三年的三十五周年演唱會、二〇〇五年歲月與歌聲之旅、二〇〇七年世界巡迴演唱會、二〇〇九年的流水年華演唱會，李明智接連為鳳飛飛打造了四次巡迴演出，兩人培養出公私兼具的合作默契，從鳳飛飛那不只學到了演唱會的專業，李明智深覺學到最多的是「謙卑」。

「合作過很多大牌歌手，難免有些歌手姿態較高，但鳳姐從不覺自己有多了不起，每次見面一定先聽到她的笑聲，接著就是大大的擁抱，永遠給人溫暖、沒距離的感覺。」

待人溫暖、對工作要求嚴格，是鳳飛飛的個性，她還有一大特色，就是對錯誤的容忍度極低，「她要做就要做到最好，不能有錯。」李明智說，即使遇到困難，鳳飛飛也會用盡全力克服。

某次在台北國際會議中心，為隔天的演唱會進行總彩時，有段節目安排舞群推著三面兩米高的鏡子，因為舞者施力不當，一面鏡子竟倒下撞到了鳳飛飛，當下所有人驚呼，只有她冷靜地問攝影，「你有拍下來嗎？」李明智趕緊將受傷的鳳姐抱起，直奔停在地下室的車子送醫。

演出前一天，歌手竟在彩排時受傷，李明智抱著忐忑的心想，「可能隔天的演出得取消」，但他還是想聽聽鳳姐的意見，當時得到的回覆是：「原則上明天正常演出。」被巨大的鏡子撞到手腳受傷、無法行走的鳳飛飛，在送醫治療過後，隔天演唱會照常舉行，而且節目完全不需調整，連害她受傷的那段鏡子舞，也原封不動演出，「當然，我和導演想出了解決方案，增加鏡子的底座配重。」李明智多年後，才透露了這段不為人知的驚險過程。

合作過四次巡迴演唱會，其他歌手視為里程碑的小巨蛋，從來不是鳳飛飛的首選。

「她喜歡與歌迷近距離接觸，也很重視觀眾是否坐得舒服。」小巨蛋雖可容納上萬人，但舞台距離觀眾遙遠，座位也不若台北國際會議中心舒服。李明智在二○○九年時試圖以「歌迷都買不到票」來說服鳳飛飛，要不要改去小巨蛋開唱，她考慮了很久，最後回他：「你要我到小巨蛋可以，但演唱會要以台灣歌謠為主。」李明智說，「這算是個打賭。」在鳳飛飛心目中，台灣歌謠始終是她認為詞意、旋律最美的歌曲，她一直想辦場台灣歌謠演唱會，只在最後安可時唱自己的歌，「你如果要辦，會賠錢哦。」鳳飛飛笑笑對李明智說，他毫不考慮就一口答應。

這場台灣歌謠演唱會原預計於二〇一一年六月和七月在高雄巨蛋、台中圓滿劇場和台北小巨蛋舉行，從沒唱過四面台的鳳飛飛，已開始練習該如何四面八方與觀眾打招呼，演唱會門票也開賣了，但李明智突然收到鳳姐的傳真，信裡寫著希望能暫停售票，並且朝不演出的方向進行後續處理。

「鳳姐是急性子，後期聯絡已從傳真改為電話，現又改回傳真，」李明智心裡覺得不尋常，「她不是一個半途而廢的人，到底發生了什麼事？」他想盡辦法挽回，頻問是不是哪裡沒做好？後來得到的說法是，鳳姐的聲帶長了繭，需要動手術，休息一陣子，「以前也遇過費玉清聲帶長繭無法演出。」李明智深知這無法勉強，雖覺可惜，也只能盡力善後。

然後，二〇一二年二月十三日李明智接到鳳姐助理和律師的通知，表示今天有個記者會，需要他全程參與，「我到了現場才知，鳳姐已經過世了。」李明智對自己當天到底回答了記者什麼，完全不記得了，至今仍無法相信鳳姐已離世。「過年時，我還是一樣收到她的新年賀卡，想說讓她多休息，不敢打擾。」鳳飛飛已於同年一月三日因病逝世，但她擔心打擾到大家，等到過完農曆春節，才對外宣布。

「辦她的演唱會，只是做喜歡的事，沒想到是我一生的榮耀。」

二○一三年第二十四屆金曲獎將特別貢獻獎頒給了鳳飛飛，鳳飛飛兒子趙彣霖央請李明智上台代領，「我特別穿上二○○三年演唱會的T恤上台，這是我們的戰袍。」當天台下有許多的鳳迷，李明智私心有個心願，希望能將鳳飛飛的歌曲留在小巨蛋裡，「我本來想在台上領唱鳳姐的〈祝你幸福〉，」但又怕在這麼莊嚴的場合，萬一唱走音怎麼辦，猶豫了許久，李明智還是沒勇氣這麼做，「我直到現在仍很後悔。」

能與鳳飛飛合作長達十年，李明智覺得是因自己具備了細心、真心、安心、貼心、耐心和用心，這「六心」。鳳飛飛的生活簡單，演唱會後台通常只要幫她準備香蕉、蘋果等水果，還有她喜歡吃酸，也會有筍絲、檸檬水，上台前習慣按摩放鬆，李明智細心地請來兩名視障按摩師，幫鳳姐和工作人員服務。如果感覺到她有些焦慮，李明智會跟她聊聊小孩、美食，轉移她的焦點；鳳姐提出來的要求，像她想要與國外樂手合作，他盡全力達成；她每件事都深思熟慮，李明智也懂要耐心等待，不能催。

還有，鳳飛飛最重視聲音，李明智貼心地跟穩立音響訂購德國原廠頂級麥克風，事前還特地寄了鳳飛飛的ＣＤ過去，讓原廠能依據鳳姐的聲音特質，製作她專屬的「鳳麥」，從此鳳姐不論到哪裡演唱，都珍惜的帶著使用。

拜拜一定要用圓圓的供品，如水果、糖果，舞台不能有尖角、記者會不能辦在地下室、簽約場地要越高越好，李明智細數這些鳳飛飛的小堅持，現在想起，充滿令人懷念的老派人情傳統。

雖然隨著鳳飛飛逝世，兩人的合作畫上句點，「鳳姐對台灣的貢獻、她的風範，應該被傳頌下去。」李明智在心裡這麼對自己說。他不希望台灣下一代遺忘了鳳姐，希望每隔五年、十年就能辦場鳳飛飛紀念演唱會，讓她的精神和歌聲能永遠流傳。「畢竟合作了十年，我最清楚鳳姐要的是什麼，」傳承鳳姐的歌聲、也傳承鳳姐的精神，李明智允諾，「我會是鳳飛飛慈善基金會永久的義工。」繼續那些鳳姐未完的志業。

（梁岱琦／採訪）

鳳姐出招一定要接得住

焦惠芬

我認真說，我從小沒想過我會跟電視裡面的人一起工作。我從不追星，內建「冷靜」開關，而且常年都是開著的。

我跟鳳飛飛一樣屬蛇，剛好差一輪，我們做事都很會想前顧後、善於整合資源達到最大效益，但我小時候「真的」沒有鳳飛飛那麼苦；她十五歲自己到台北歌廳三餐不繼唱歌賺錢的時候，我還坐在地上大小便失禁兼吃飯掉滿地，等到我長到十五歲，她已嫁為人婦，踏上人生第二段旅程。

二〇〇二年，我們的人生有了交集。我帶著「假想」的舞台圖數款，去香港跟鳳飛飛碰面。記得我們約了下午兩點之類的，所以是大白天，陽光燦爛。時間到了，她跟助理詠淳從電梯開門聲中依時出現，以「賭神」的氣勢出場；我們開始展開演唱會一連串的討論，從節目到宣傳，從舞台到海報的主視覺方向；我們非常聚精會神，偶有停頓、思考、無語，然幾乎沒有多餘的閒聊，等想要喘口氣、喝口水，窗外已經黑了，才發現飢腸轆轆。「走，我們去吃飯！」爽朗的笑聲，大步邁開帶著我，走出飯店去找晚餐吃。臨別前，我還提醒說：「鳳姐，記得要把帽子拍照片給我喔，我帶回去。」隔天，助理帶來記憶卡，鳳姐讓司機送我去搭機回台灣。當下並不理解會就此展開跟鳳姐十年的恩怨情仇。

鳳飛飛三十五周年復出演唱會，肯定要盛大喧騰的公布。一般來說要提早通知媒體記者會的日期、地點，以便安排文字與攝影的班表。但是……，鳳姐規定只能在前一晚的九點記者都截稿以後，才能通知媒體，以免風聲走漏，媒體露出不整齊。那時候可沒有通訊軟體這種東西，要不是留在辦公室加班就是回到家加班。我記得那天晚上風有點大，我想要把回家跟通知媒體兩件事的時間折疊起來一起做，所以站在捷運站旁打電話，一家一家通知。那就是一切都要在明天上演了，但是今晚九點過後才告知觀眾的意思。當然，一切是轟動武林驚動萬教的騷動了一天。所有媒體大篇幅的報導，鳳迷們的狂喜像燒開了的笛音壺一樣叫個不停。

鳳姐要求任何公開場合務必要幫鳳友會留位子，所以記者會時，除了要招呼蜂擁而來的媒體以外，還要扯著嗓子帶著甜笑對著鳳迷們喊：「來！我們往這邊喔，小心腳下、小心頭上。」好像我是幼稚園的老師。在台北國際會議中心總彩時，歌單是要保密的，偏偏有鳳迷蹲縮著身軀，把自己卡在兩排座位中間忘情的偷聽，我們工作人員從一樓走到三樓、一排一排的搜，廁所一間一間的查，這時候，我們又變警察了！

為了演唱會的海報設計，我們約好了攝影師，帶鳳姐去復興南路拍照。當天準備了很多套衣服，估計會是悠長的一天。拍到接近凌晨了，工作人員來報，外面有狗仔守候，心生一計讓鳳姐與助理從後門出去搭計程車回飯店，我們一行人浩蕩簇擁上保姆車，果然後方狗仔車輛一路追逐，到了小巷我們一下車，就是一陣閃光燈劈哩啪啦不分青紅皂白地拍，在那個時刻，我深深感到抱歉，因為回去應該會馬上選擇「全刪」。別人拍宣傳照還可以借勢發稿催個票，我卻要上演虎膽妙算。

演唱會有很多討論溝通，鳳姐習慣透過傳真，像列待辦清單一樣條列清楚她的想法，有一天突然接到助理電話通知鳳姐隔天將「抵達」台北，要跟團隊開會，大家心頭一震，也太突然了！只能提槍上陣別無他法。鳳姐住的是行政套房，因此房內有張大餐桌，那也就是我們的會議桌。我只能說是鉅細靡遺、天長地久，一路開到凌晨二點多，我的腦袋已經變一坨豆花，離開時，走在飯店的大廳，突然覺得自己像個遊魂，這時候，我覺得自己是貞子。那種會議不僅燒腦，也考驗團隊的專業知識與應變能力，鳳姐出招一定得要接住，而且要馬上把球發回去，否則下次鳳姐就會用不放心的眼神來關愛你了。

鳳姐回台灣開會、排練、演出，鳳媽每次看到我就說：「妳不要安排轟灰灰住飯店，回家睡啦！她愛吃的米粉炒啦什麼的，我可以做給她吃。」不然就是說：「妳來我家喝茶。」素聞鳳媽媽廚藝了得又好客，憾無機會與福氣體驗。演唱會時，鳳媽媽很像慈禧太后，歌迷們前擁後簇，入座後還圍繞著坐在階梯上，強大的愛屋及烏讓我瞠目結舌。演唱會後，鳳媽媽會領著大隊人馬到後台去跟鳳姐恭賀與合影，畢竟鳳飛飛是如此讓她驕傲，雖然在台上唱歌的不是鳳媽媽，但是那份榮耀早已滿溢到台下，掀起鳳媽媽微笑的嘴角。

一次傍晚，天色暗了，走在光復北路靠近南京東路，又是疲累後的覓食。我走在鳳姐後方，看著她的背影，瘦了！我問鳳姐瘦了多少，她說兩公斤，還說：「老了可以有皺紋但是不要胖。」我當下覺得這句話根本百分之兩百是衝著我來的，心想：「對！我就是相反，沒皺紋但是胖！」如今想想，其實是她對自己的要求。鳳姐的服裝造型不用我們操心，她是自己一手包辦的，找設計參考圖、找裁縫、配帽子鞋子、梳化，都在不知不覺中處理好了，設計師與裁縫都知道，每次試裝，就要改小，一路改小到演唱會當天，因為鳳姐自我要求很高，為求得完美表現總是日漸消瘦。

鳳姐演唱會總是一票難求，座無虛席，但仍有音樂圈重量級人士與鳳飛飛親友苦苦哀求，那只能「生」座位出來了！於是我走入座位區端詳一番，發現有些空間其實是很好的位置，可以擺放椅子，於是憑空生出二、三十個座位，解了這個難題。後來，同業很愛開玩笑說我「超賣」，其實沒有販售，都是必要安排座位的貴賓。

三十五周年演唱會的舞台設計是一位大學教授，工法有許多是卡榫，沒有用釘子，所以要用指定的劇場工班來裝台，演唱會期間，聽說圈內（技術人員）的問候語是：「怎樣？你在裝那隻鳳嗎？」因為很難裝而被口耳相傳成為茶餘飯後！所幸效果非常好，鳳飛飛自己也很喜歡。

鳳姐一向以親和力十足、唱功沒話說廣為人知，然在工作上，雖然不至於疾言厲色，但也的確要求完美，凡事務必檢查細微才能放心，枝枝節節都有自己的設計與想法，不論是安排媒體宣傳、演出行程，大多是她說了算，常常讓預算一路破表。

有一次我們從南港的馬可音樂排練結束走出來，我跟鳳姐哀嚎舞台的預算大爆表，鳳姐以笑聲佐以一句「這是一定要的啦」帶過，我只好跟自己說當作是練功。同業看到每年演唱會都大賣，當然心癢癢，曾私下去聯繫鳳姐，希望改由他們來主辦，但是鳳姐是個惜情的人，跟我們合作一向放心，在製作預算方面也全力配合鳳姐的高標準，二〇〇二年到二〇一二年，這份情緣，無可取代。當江律師開記者會宣布鳳姐過世那天，我覺得難以置信，疲累一天剛躺下，詠淳打給我，電話中沙啞的聲音黏著濃濃的鼻涕，說話都不清楚，還為了沒提早讓我知道而連聲說對不起。「我知道妳一路忍到現在，妳已經做得很好了！」我自己都還在震驚之中，只能這樣安慰著。

我一直很困惑，覺得鳳飛飛這位女士很傳奇。二〇一二年五月宣布喉嚨不舒服演唱會需要延期，為了讓鳳姐靜心休養我們不敢打擾，十二月二十四日收到鳳姐電郵，說天氣冷要我囑咐大家注意保暖，十天後鳳姐瀟灑的飛上彩虹去了。多年後，我問詠淳，妳知道鳳姐聖誕夜還寫 email 給我嗎？詠淳說她不知道。如果是我，清楚自己的狀況，知道時日無多，我還能寫 email 給工作夥伴要他們別著涼嗎？鳳姐，真有妳的，瀟灑得沒話說！

「我又不上台，我就是愛吃，所以繼續胖沒關係，請您也可以開始享受美食了，好嗎？您唱歌的時候那麼開心，投胎您繼續當歌手，但是不要那麼辛苦了！」我想這樣跟鳳姐說。

2
0
0
8

初次合作是項神秘任務

受訪者／古皓

某天，古皓接到一通電話，轉達有個歌手要開演唱會，其中有一系列懷舊曲目，裡頭有英文歌曲，想找個年輕人跟她一起玩，幫忙唱 Vocal Guide（導唱）。他記得曲目裡有芭芭拉．史翠珊（Barbra Streisand）的〈往日情懷〉（The Way We Were），被告知可以盡情發揮，然而自己忐忑的擔心不會彈鋼琴怎麼辦，結果對方竟只要清唱即可，古皓當下覺得這個歌手一定很厲害，清唱很難，能夠聽清唱版就跟得上，他相信這位神秘歌手的 Sense 一定很好。

既然可以盡情發揮，古皓在錄音室裡放手即興，試了各種方式改編這首英文老歌，將許多段落唱得與原曲有點不一樣，更自由、更奔放，希望能讓這位神秘歌手感到滿意。不斷追問這位歌手到底是誰，始終得不到答案，古皓在腦海裡蒐尋，最近有誰開演唱會？一直等到謎底揭曉後，他形容自己「腿都軟了」。

工作完成後，古皓收到酬勞的同時，也收到一張小卡片，端正的字跡寫滿了整張卡，卡片內容溫暖而正向，寫道很高興年輕一輩能有這樣的好歌聲，鼓勵古皓要繼續加油，看到最後發現署名是鳳飛飛，他整個人嚇傻了，沒想到自己竟幫這位大前輩唱 Vocal Guide。

「拜託，這我祖師爺耶！」居然能有這樣的合作機會，古皓不可置信，「她是我的教科書、我的歌唱老師。」講到當時的反應，他還是難掩激動的情緒。

小學時，古皓就很喜歡鳳飛飛的節目，看到這位愛戴帽子的歌手，總覺得她唱歌很不一樣，有一點「洋」，打破一般人的聽覺習慣。家裡有一台能放慢速度的卡式錄音機，為了要研究鳳飛飛的歌聲，古皓會戴著耳機，以慢速聽著歌，一個音、一個音地，拆解學習她的唱法。

記得有首歌叫〈另一種表白〉，已經身為製作人，幫許多歌手配唱過的古皓，親自示範鳳飛飛的唱法，還是直說好緊張。當年鳳飛飛一開口「嘿嘿那愛情，難道你的口兒還沒開」，就讓當時的古皓折服，他說到「鳳姐在這首歌裡的聲音線條，與國語流行歌曲有很大的不同，」更進一步解釋，「一般人是一個字一個字地唱咬，但鳳姐的唱腔偏西洋歌曲，每一顆轉音都清清楚楚，裡頭還夾雜著中文和東洋演歌的唱法。」鳳飛飛與眾不同的聲音線條，是當時古皓急於吸取的音樂養分。

古皓小時家裡管教嚴格，並不太能往外跑，除了忠實收看鳳飛飛主持的節目，他還會看著歌本學唱歌，從民歌到流行音樂，一首接一首地學。

鳳飛飛是古皓第一個從歌聲裡聽到技巧的歌手。

「鳳姐是第一個讓我了解，唱歌可以有這麼多方法的人。」她的歌聲可以華麗，也可以簡單；可以如登上大舞台般華麗，也能像是「相思好比小螞蟻」一般，簡單地如在耳邊輕唱。〈瀟灑的走〉、〈午夜的街頭〉、〈什麼樣的你〉都是以前很重要的學習和回憶，可惜的是，這幾首歌似乎在串流平台上都找不到了，古皓惋惜地說。

重聽鳳飛飛的經典歌曲時，以前聽不懂的那些細膩之處，現在完全懂了。古皓自己也從事歌唱工作，他形容現在大家唱歌，好像有咬到那個字，但又沒咬到那個字，「每個字都有自己的表情」，現在歌手習慣以講話的方式來唱歌，「但那個講話太過於淺白，欠缺了聲音的想像空間。」

古皓形容聽鳳姐唱歌，「她每個咬字恰如其分」，可以感覺得到這歌手很俏皮，與聽者有親近的關係，「所以鳳姐唱大歌，如〈掌聲響起〉，令人覺得偉大動容；

唱小品像〈好好愛我〉，則讓人覺得很有信任感。」在鳳飛飛歌聲裡，能感受到同理心和共感，這是現在歌手普遍缺乏的，「我們好像只是告訴大家我很酷、很厲害。」

古皓也極推崇，鳳飛飛雖然出道已久，但對流行音樂的潮流非常敏感，也常大膽啟用新人，像那時才剛出道不久的童安格，就被找來替她寫了首曲風輕快的〈夏艷〉，「即使現在聽到這首歌，精彩的編曲仍會讓人忍不住想跳舞。」

結束完神秘任務後，古皓幸運地有了第二次幫鳳飛飛唱 Vocal Guide 的機會，那是鳳姐最後一次大型演唱會，再次找古皓重新改編大家已經非常熟悉的〈真情比酒濃〉，希望能有不同的風情表現。「我小時候其實沒聽過〈真情比酒濃〉」，因為歌曲裡頭一直唱「情人夢」，他一度誤以為這首歌就叫「情人夢」，連檔案名稱也寫「情人夢」。

古皓先是聽到重新編曲的版本，再回過頭聽原曲，驚訝兩者落差極大，「原曲是很接地氣，像原住民那樣直率開朗的唱法。」古皓說著說著小小示範一下，而呂聖斐改編後的則截然不同，很有節奏藍調風的樣貌，「這是極有挑戰性的工作」，古皓還保留了當時唱給鳳姐的音檔，他在家裡錄時，刻意將 Vocal 調高八度，好讓鳳姐聽來感覺像是女生唱的，放出當時的錄音檔時，古皓先提醒大家，這是刻意調高音調的，「不要笑哦！」

想起唱〈真情比酒濃〉Vocal Guide的過程，古皓直說「好過癮」！他像是回憶歌唱師父教過他的所有一切，從他腦中的「鳳姐資料庫」裡調出各種唱法，再融入當時碧昂絲式的技巧，從華語流行歌曲到西洋節奏藍調，古皓使盡渾身解數，唱得「張牙舞爪」，最令他佩服的是，鳳飛飛聽完他的Vocal Guide，消化過後，唱出來的又是屬於鳳姐的全新版本。

後來，每次古皓在彩排時，聽到鳳飛飛演唱〈真情比酒濃〉，「全身都起雞皮疙瘩」，能在舞台上近距離聽到她演唱，古皓覺自己的享受是全面的，他可以看到正面、背面的鳳飛飛，甚至還能看到台下的觀眾，鳳迷們火熱的表情，那些連看多場的歌迷，對古皓來說早已是熟面孔了。

不只唱Vocal Guide，古皓幸運地加入了鳳飛飛二〇〇九年至二〇一〇年巡迴演唱會的合聲小組裡。巡迴到馬來西亞時，恰巧隔天就是古皓生日，演唱會後慶功宴上，他跟其他工作人員坐一起，「我正在吃炸榴槤，吃到一半，」突然感覺有人按住他肩膀，熟悉的聲音唱起「生日快樂」歌，「我全身像被電到，」心目中無可取代的聲音，正祝他生日快樂。「她為什麼會知道，我沒跟任何人講？」鳳飛飛貼心的舉動，帶給古晧難忘的驚喜，他事後回想，可能是身為工作人員身分證個資，透露了他的生日，「結果那天我一共吃了五個炸榴槤，」鳳姐一唱完「生日快樂」歌，所有人祝古晧生日快樂後，紛紛把盤裡的炸榴槤貢獻出來，讓古晧度過一個很有「味道」的難忘生日。

當時鳳飛飛演唱會的合聲小組裡，古晧算是資淺的，一塊工作的還有馬毓芬和林美璘兩位前輩，「她們都是我國、高中時期就知道的頂尖高手。」能夠與她們一塊工作，而且還是為鳳飛飛唱合聲，古晧感受自己得到很大的信任。他記得當時把〈涼啊涼〉這首歌，以阿卡貝拉（A cappella）、純人聲無伴奏的方式重新詮釋，「那時候壓力超大的，」幸好最後成果很滿意。在與鳳姐合作的過程裡，古晧記得「幾乎沒有遇到要大修的」，鳳飛飛在接受大家的創作時，她同時也消化成為自己的另一種創作。

站在舞台的側後方，在鳳飛飛的背後唱合聲，古晧形容自己常是一邊唱、一邊驚訝鳳姐的表現，譬如聽著她唱羅大佑寫的〈追夢人〉時，「這首歌氣要很長，是首高難度的歌曲」，但鳳飛飛不管唱幾遍，都是幾乎零失誤。

工作上，鳳飛飛對自己要求嚴格，卻對工作夥伴極溫暖、貼心，尤其演出若碰上節慶，她更是無微不至地照顧大家。古皓記得，某次演唱會遇到中秋節，每個人都提著一大堆鳳姐送的禮物回家。有一次工作人員收到鳳姐送的星巴客卡，正想拿來加值時，才發現她已經幫大家儲值了一筆錢在裡頭，直接拿著卡片就可以買咖啡了，古皓忍不住要說：「怎麼對我們這麼好。」

演唱會通常是有劇本的，歌手們會記著腳本上寫的 Talking 台詞，鳳飛飛也不例外，那些一定要說的話，她每一場都會說，但因發自肺腑地說，即使古皓場場聽，都仍是會為鳳姐的話語所感動，甚至就連一模一樣的笑點，每次都還是忍不住笑，讓他深覺「這就是高級的藝術」。

「鳳姐對每一場的觀眾負責，她在乎每一個人，希望大家能帶著美好的經驗回去。」所以有時下午彩排時，明明看出她的疲累，但晚上正式演出，一站上舞台便徹底燃燒自己，力求每個細節完美表現。

「我的開始是鳳姐。」古皓感謝在自己仍懵懂時，能從鳳飛飛身上學到許多，後來又有幸與她一起工作，除了那些難忘的回憶，更多的是尊敬與感動，能在音樂路途上與這位前輩相遇，是古皓覺得最幸福的事。

（梁岱琦／採訪）

2
0
0
9

女主角缺席的廣告片

受訪者／黑橋牌董事長 陳春利

二〇一〇年那時，人們還很認真過年，會依著傳統回家團圓、走春訪友。電視上，一支黑橋牌香腸廣告恰如其分地表現了那時的年味，滿足了人們對於過年該有的味蕾記憶。廣告裡，喜氣打扮的鳳飛飛攜子回家探親，不忘帶著伴手香腸禮盒，她耐心地導正兒子的港腔，於是「豬豬豬」和「居居居」，就這麼隨著廣告留了下來，還有廣告裡鳳飛飛溫柔又親切的笑臉。

黑橋牌董事長陳春利記得那張笑臉、那次愉快的合作，還有巨星不顯架子的完全配合，以及自己在得知斯人遽逝時的震驚。是懷念，也是感謝一代巨星為黑橋牌創造的經典。

半世紀首位代言人

和同輩人一樣，陳春利的成長過程裡也有鳳飛飛，國、高中時迷上鳳飛飛的綜藝節目，那是每個星期最期待的節目，又因當時瓊瑤電影正當紅，男生即使不看這類愛來愛去的電影，歌，是一定會聽到的。

「鳳飛飛的歌就這樣存在於生活之中，在回憶裡陪著我長大。」陳春利時不時哼一下〈我是一片雲〉，彷彿自在又瀟灑了起來。

陳春利沒有想到，竟然有機會請到天后來代言。

事實上，創立於一九五七年的黑橋牌，在請來鳳飛飛之前的半世紀，不曾、也沒想過要找什麼代言人，就勤勤懇懇地從台南發跡，只是第一家門店就在台南大歌廳附近，是鳳飛飛早年作秀的地方。緣分就這樣悠遠地牽了起來。

一九七〇、八〇年代時的陳春利還小，但他知道全台各地的明星會到台南大歌廳作秀，結束後，這些明星們會到附近當時台灣最早的夜市沙卡里巴吃小吃，順便循著長長的排隊人龍進門市買伴手禮帶回家。

拜這些明星之賜，黑橋牌知名度突破台南本地，第二或第三家門市順勢就開在台北。這些故事，鳳飛飛在巡迴演出時，自己在台南站的舞台上娓娓道了出來，說年輕時來台南表演就喜歡帶這款伴手禮回台北，結婚之後定居香港，從台灣回去時也一定要補充一些，因為這是她非常懷念的台灣家鄉味。雖然香港就有也不錯的港式臘腸，但她日常要吃的，還是台灣香腸。

剛巧台下有黑橋牌的主管，回公司一說，陳春利形容：「我覺得好榮幸，國民天后竟然那麼喜歡我們的品牌。」公司史上第一次，主動請廣告公司去詢問天后的代言意願。二〇〇九年，黑橋牌正式自香港請來鳳飛飛代言、擔綱主角拍廣告。當時，也是鳳飛飛相隔十四年再次接拍廣告。

親切的大明星

「鳳姐在台灣就是大家的老朋友。」陳春利當時不認識鳳飛飛本人，但畢竟是從小看到大，自然有股熟悉感，他還很意外她本人氣質好、非常親切，「真正貼近鳳姐，真的可以感覺到什麼叫做美麗，所以她拍出來的也就真實呈現出很美麗的形象。」

因為難得請到天后，陳春利當時特別要求廣告公司一定要拍出有質感、有美感的廣告片，一定要把鳳飛飛「雍然」的態度拍出來，拍到她滿意。

沒想到，大明星一點不難搞，陳春利讚嘆：「鳳姐讓我們見識到何謂大明星，完全沒有架子，是敬業、專業的台灣人。她的成就完全來自她本身的實力，才能獲得那麼多人的喜愛和尊重。」

那一次腳本設計了包括九份在內的六個拍攝點，工作時間又早又長，還因為要借桃園機場拍攝，避開人潮時間，只能凌晨開工，鳳飛飛二話不說全力配合，半夜起來化妝，在寒夜裡出門取景。拍攝過程當中，鳳飛飛還一再跟導演和攝影團隊表示，不用客氣、不用在意她，有什麼需要都直接告訴她，對於畫面的完美與否，她比導演還在意。

豬和居

在廣告裡，鳳飛飛呈現出一位旅港母親帶著兒子回娘家的景像，非常貼近她本人的寫照。陳春利說，當時鳳姐復出開演唱會，歌迷們對她有著滿滿的期待，也高與這麼多年她在香港的生活幸福美滿，還有一個優秀的兒子在英國求學，「在和鳳姐談時，她主動說可以加入這個橋段，她願意配合開個小玩笑。」

如此一來，「豬和居」這個口音哏是鳳飛飛想出來的。為求真實，她還要求一定要找香港的模特兒，所以廣告公司真的是重金從香港請來模特兒扮演，道地的港腔國語，「黑橋牌黑『居』肉」就此出世。

來不及的第二支廣告

「好懷念鳳姐，沒想到她已經走了十年。」陳春利說起來還不勝感傷，尤其在鳳飛飛過世的同一個月，他的父親、公司創辦人陳文輝也以八十歲嵩齡辭世。那一年，對陳春利打擊巨大，原本黑橋牌的香腸觀光博物館就快開幕，父親計畫著想請鳳飛飛蒞臨剪綵，沒想到成為遺憾。

另外更遺憾的是，當時已經準備第三年的代言人合約，第二支廣告片也已經啟動並且完成腳本，沒想到女主角要永遠缺席了。

陳春利說，明明在半年前的暑假，鳳飛飛還開記者會宣布要舉行台灣歌謠演唱會，他還上台致意，看著她精神奕奕，期待著她繼續為台灣人演唱，但怎麼會？

他承認，在鳳姐過世後，他看著她最後的遺作〈想要跟你飛〉MV，哭了好幾次。鳳飛飛剛過世時，外界並不知曉，春節期間，電視照常強打溫馨的年禮廣告。一個多月後，她離世的消息公開，陳春利立刻決定撤下店頭的鳳姐宣傳品與人形立牌。

「我知道如果不拿下來，會吸引很多人來店裡悼念她。」以前就有不少鳳迷來索取人形立牌，但陳春利一點也不想在此時消費已逝的巨星：「基於對她的感念和尊重，只想讓她安息。因為我們跟鳳姐有親身的接觸，更覺得她就像我們的親人朋友一樣，只想讓她漂漂亮亮、安靜地走。」後來那些宣傳品都陳列在黑橋牌的香腸博物館鳳飛飛紀念專區。陳春利無限感慨，能和鳳飛飛合作，真的是難得的緣分，也很難過她的過世，「對我們黑橋牌來說，也是一個階段的結束。」

本土化孕育的人與品牌

「真的，在台灣，鳳姐不單只是演藝成績高，更是整個社會文化的象徵。」陳春利說，先前公司的廣告策略沒想過找代言人，主要是想不出誰適合，廣告公司也曾提過一些建議，清一色是模特兒，徒有年輕貌美，但跟台灣社會沒有相襯的意義，跟這伴隨台灣人半世紀的國民品牌更不搭。

陳春利的說法是：「人選的厚度、分量不那麼夠。並不是誰都可以代表我們的品牌。」因為他很自豪，台灣三十歲以上民眾大概都可以說「是吃黑橋牌長大的」，自家品牌某種程度代表台灣全民的飲食文化，

而鳳飛飛本身即代表著某個層面的台灣文化，從演藝界，跨入文化、社會面，正是最適合的代表，至今仍有人對陳春利津津樂道當年那支廣告，可見影響之深遠，「到現在，台灣人想到我們，也會想到鳳姐為我們代言這件事。」陳春利記得，童年時正逢政府推行客廳即工場政策，台灣工業開始起飛，加工區需要大量人力，伴隨這些年輕作業員的就是鳳飛飛的歌，而那時的黑橋牌是人們「擠著去」的排隊名店，每天如此、逢年過節更是人龍綿延一公里以上。在他看來，鳳飛飛就是陪伴台灣人成長的溫柔力量。

就像鳳飛飛不固步自封，敢於在選曲、表現方式上不斷求新求變一樣，陳春利在經營方面也期許自己勇於突破。一九八八年退伍後回家幫助父親經營，當時公司

在父親經營下已經三十年，對許多公司而言，都已定型、步入老年化，但恰逢家樂福、好市多等國際大型連鎖超市進軍台灣，黑橋牌必須迎「變」而上。

陳春利成為公司第一位業務人員。他回憶，以前人們是到門市購買，之後為了因應這些通路和消費型態的變化，公司開始生產包裝肉品，但這又造成替代效應，門市無可避免地業績下滑，怎麼辦？陳春利決定創造消費者對門市的需求，他將門市打造成節日文化的消費場所，一到過年過節，只要到黑橋牌門市，所有節令商品都會替您準備好。他自豪說，如今除了超市的通路外，門市在重要節日時也是門庭若市。同時，創業六十多年，口味上在經典款之外也不斷推陳出新，使得黑橋牌在市占率始終大幅領先。一如鳳飛飛在歌壇，不管多少新鮮後浪，她的地位不可撼動。

和鳳姐一樣被信賴

「鳳姐的歌聲，不管她離開再久，依然一直都存在。」陳春利這麼說。

從國中到長大成人、主持公司這麼多年，要不是有著代言的因緣，也只能從螢幕上看到這位天后。能近距離親近她，這才發現這位天后之所以被人喜愛、受人追念，是因為她彷彿就在每個人身邊，「就是你生活中的好朋友，是你生活中的一個支柱。」

曾經親炙過這樣的人物，惋惜於她的太早離開，陳春利希望：「我們能跟鳳姐學習，務實地、切實地盡自己的能力、發揮實力，繼續讓大家信賴。」

（方元／採訪）

231　女主角缺席的廣告片

「長」自台灣這片土地，〈祝你幸福〉是大家的人生平安符

受訪者／阿原肥皂創辦人 江榮原

國小二年級的孩子還揣著存錢買來的人生第一張唱片，突然來了三名警察拷走了替人作保受累的老爸。

當江榮原終於把唱片放進唱盤聽，鳳飛飛的〈祝你幸福〉就此進入生命深處。

「這首歌就好像記憶裡的一道符，貼在身上，需要的時候，它就在。」

在江榮原成長、轉換人生跑道，創立阿原肥皂，這一路上，鳳飛飛和〈祝你幸福〉都在。

台灣長出來的企業

江榮原創立的「阿原肥皂」是本土洗浴品牌，在這之前，他在地方公共事務和選舉事務上參與甚深，十多年來參加了從地方到中央的大大小小選舉，對於台灣的價值認同、土地認同有很深的著墨。

但到了千禧年後，心靈疲憊了。江榮原開始關注內在，接觸宗教、靈修、心靈瑜伽、插花、園藝、茶道、研究中藥草藥，手工肥皂更是得到極大回響。

不只是憑著一腔熱血，江榮原還從三方面著手。一是市場調查，師法舶來的Lush、歐舒丹馬賽皂，找鄉村作坊、運用藥草、自己在工作室後方牆角開闢藥草田，再找到穩妥的藥草行與中藥店。

於是從流行趨勢、參照他牌的區域認同、苗圃認同，到最後青草藥和中藥，努力十幾年，阿原成為全世界少見的以區域植物、藥草結合本草配方的手工肥皂品牌。從他一個人，到如今海內外有四百多人，常用藥草約六十幾種，青草藥百分之百來自本土。

江榮原說：「在情感深處，我樂見公平正義，喜歡看到從鄉土翻上來的人站上舞台。」他可以驕傲地說，阿原是台灣人的品牌，以台灣為核心、做台灣價值的事。

在這整個成長與創業過程中，江榮原的背景音樂裡有鳳飛飛。

鳳飛飛——成長過程中的陪伴

最初是在阿公家看到一部台語連續劇，裡面有首台語歌〈燕雙飛〉，太好聽、太琅琅上口，打中了這個小朋友。江榮原知道唱歌的人叫「林茜」，後來這個很會唱的女生有了新的藝名「鳳飛飛」。

阿公住在三重，那邊很多「做穡人」，台語歌是大宗，國語歌就一定是鳳飛飛。耳濡目染下，才八、九歲的江榮原存了三十五元，去買了人生中第一張唱片，正是鳳飛飛發行的第一張唱片《祝你幸福》。可能是店家拿來播放用的，外包裝都拆開來了，但那是小阿原心心念念要的唱片。

江榮原至今的招牌歌都是鳳飛飛的，也早就學會她的轉音技巧，高中參加吉他社，別人唱民歌，他在校內比賽時出奇招，唱的是鳳飛飛的〈奈何〉，自彈自唱，拿到第五名。

祝你幸福

〈祝你幸福〉是江榮原的平安符。

買這張專輯時是在阿公家，沒有唱盤，所以他等著暑假結束後回家再聽，沒想到家裡出事。那時，父親離開前告訴怕得不知所措的他：「我要『進去』了，你是長子，要照顧媽媽和姊姊、弟弟。」

後來他放唱盤聽，突然聽懂了歌詞裡的「莫忘了我的祝福，人生的旅途有甘有苦」，彷彿在告訴小阿原要勇敢。〈祝你幸福〉這首歌就此進入小二男生的生命中，陪伴他一輩子。

這道「平安符」從此貼在江榮原的腰桿上，每當遇到遲疑、挫折，很自然會跳出這首歌，彷彿告訴他，老天爺一定會給予祝福、一定會照看著，幫助你生出克服困境的巨大力量。

後來，阿原肥皂創立第三年，都上軌道了，江榮原感恩之餘，想對消費者講一些話，很直覺就是「祝你幸福」，千言萬言化約為這四個字。

阿原出了一本目錄，封面是滿版的綠和幾枝竹，寫著「這句話說了就算，信了就真。祝你幸福，是一本無法出版的心書，留一張沒有字的白紙給小孩們，填寫未來，種一棵沒有年輕的樹在土地上，活著就好。」其中每一內頁都在說明為什麼是「我祝你幸福」。

這是江榮原從鳳飛飛歌裡得到的力量，也是他想告訴阿原客戶的話。

百搭人生的歌

和〈祝你幸福〉一樣，鳳飛飛很多歌都很好用。

江榮原信手拈來：心情不好時唱〈寒星〉，就有了「雖然無人知曉我的心情，可是我繼續發光」的勇氣；開心的時候唱〈五月的花〉，整個人更雀躍；夏天唱〈夏艷〉應景；〈喝采〉的歌詞跟意境，正是人在低潮時最需要的力量。

還有〈掌聲響起〉。江榮原在二〇〇八、九年帶著阿原肥皂去大陸談生意，應酬間，他先唱〈白牡丹〉，大陸人聽不懂台語，再唱〈掌聲響起〉，那些也是剛剛創業的人竟然聞聲紅了眼眶。他們都是第一次聽這一首歌，但聽到「經過多少失敗、經過多少無奈，告訴自己要忍耐」的歌詞，都有共鳴。

江榮原說：「所以鳳飛飛不只活在我心裡面，她在很多人的心裡面。只要我需要一首歌應景，總有一首歌可以讓我脫口而出。」

曾經，一名自台南北漂到阿原肥皂工作的講師英年早逝，江榮原和同事替這位年輕人在公司辦了一場告別式，主題就是「我是一片雲」，還請來棉花糖師傅現場製作棉花糖，分送給大家，就像一朵一朵的雲。這不只是那位講師生前喜歡的歌，意境也符合他離家北上的心情，在人生最後一小段路，幸有最愛的歌與摯友們陪伴。

鳳姐，台灣土地長出來的巨星

身為歌迷，江榮原愛上鳳飛飛，買了她所有的專輯，後來甚至到跳蚤市場去挖寶，補足以前錯失的作品，鳳飛飛唱的歌，他首首張張都買、都唱。講到哪張專輯，阿原可以立刻唱上一段。

他當然也不會錯過鳳飛飛後來的演唱會，那時費盡力氣搶到台語歌謠演唱會門票，沒想到後來演唱會延期，江榮原承認沮喪到兩天沒上班，失落、難過。更沒想到，沒多久就得知偶像生病，為她擔心，也遺憾那無法兌現的台語歌謠之約。

因為在他看來，很多歌手唱台語歌，但是沒有人能像鳳飛飛在歌林時期出的兩張「台灣民謠專輯」般，以流行歌的編曲去演唱。

江榮原記得國中老師是華僑，他父親就在家裡放鳳飛飛的台語歌，這讓他更為讚嘆：「放眼歌壇，有誰國語歌唱這麼好以後，唱台語也完全沒問題？還有小調、演歌、英文歌，誰能唱過她？」

聽了鳳飛飛的歌一輩子，江榮原從歌裡聽出來：「鳳姐是心中壓抑很多但是有愛的人。」因為有被壓抑的愛，才要找出口，所以才會一首歌唱十次可以哭八次，例如她唱〈松林的低語〉，唱多少次哭多少次，對嘴唱〈我是一片雲〉也能掉眼淚。對嘴？是的，阿原太熟鳳飛飛，所以即使隔著電視螢幕，他也看得出差別，若是跟著樂隊唱，她會有小轉音、小變化，而對嘴就是跟CD一樣，不會出現「小調皮」。所以他更喜歡鳳飛飛的現場演唱，因為會加入更多的改編。

能這麼細細品味鳳飛飛歌藝的人，江榮原卻仍自謙是「外圍的鳳迷」，他眼中的偶像是「很有責任感的完美主義者」，不管唱那一種歌曲，她知道做什麼要像什麼，是真正融入，而非虛應故事、張口唱唱而已，能真正把每首歌唱成自己的歌；

此外，她出現在各種場合，對服裝造型也很有自我要求。

那些年去看鳳飛飛的演唱會，江榮原當然從頭跟唱到尾，也驚訝地看到觀眾們和他一樣感動，一起爆哭、狂笑，生平首次見到這種集體的感染力。

「大家在那個時空裡，不管現在幸不幸福、在人生路上是否得到掌聲、是喝采或另一種鄉愁，有太多不同的滋味。」江榮原形容：「當下，我會回到最初聽那首歌的場景，在鳳飛飛的演唱會上拿到一張『車票』。我曾經在那裡，雖然不知道這班車會把我載去哪裡。」

江榮原身邊有很多很鳳迷，大家會交流，每個人的注解都不太一樣，他感覺，只有人生經過很多「站」的人，會對「車票」這件事有共鳴，「因為我們真的換了很多車票，下一站呢？大家也只能笑笑。」

他曾遇到一位資深鳳迷，聽她說，鳳飛飛在世時，賺的錢都不是放進自己口袋。江榮原想到自己，這一生除了求學時、四十歲時停下腳步學習佛法時，好像也沒有一件事情是為自己，後來還成立江榮原教育基金會，和鳳飛飛一樣，不要讓身上有錢，也許因此更能維持初心，不會只想著過好日子。

「有時候在想，也許我的靈魂或ＤＮＡ裡面，我應該就是鳳飛飛。」這話說得抽象，但江榮原說的就是這種靈魂共鳴。

鳳姐是人生教材

有人問江榮原，阿原肥皂走到今天，是不是他一直很堅持？他搖頭，不知道，就像他不認識鳳飛飛本人，不知道她是不是也很有堅持，但心裡相信，她就該是有堅持的人，「如果不愛唱歌，她會一直唱嗎？有愛才是最重要的，我在自己的事業上也是這樣。」

聽到被拿來和鳳飛飛比擬為「都是台灣長出來的經典」，江榮原直說不敢當，阿原肥皂還在茁壯中，鳳飛飛才是經典，甚至做到典範轉移，唱法、唱腔及為人處世，「不只是歌壇的傳奇，也是人生的教材。」

對這位從小就信仰〈祝你幸福〉的企業家來說，像鳳飛飛這樣的典範，「希望有一天阿原也可以做到。」

（方元／採訪）

因為想要跟你飛，一首歌結緣好姊姊鳳飛飛

受訪者／陳國華

鳳飛飛有一首歌，唱到每個人都心碎、唱到她自己也要努力噙住淚水，那是雙飛雁被遺下者的痛，在日常少一人後，再也不是往日日常的悲。鳳飛飛唱〈想要跟你飛〉，想要跟著亡夫走，這也成為她的遺作。

音樂製作人陳國華透過電話和鳳飛飛聊了一個月，聽她說故事、道心境，其中有那麼多被壓抑的哽咽，最終凝聚在這首歌裡。可是錄音時，唱功老練的天后，哭了兩天，無法自已。

陳國華因一首歌結識了一位忘年之交，心疼這位優雅姊姊的削瘦，更在她真的跟著先生離開時，感慨人間少了這麼一位精神表徵。

電話裡的鳳姐

〈想要跟你飛〉發行於二〇〇九年十二月十八日，距離鳳飛飛摯愛的伴侶趙先生過世僅半年，還未走出喪偶傷痛的她，交出了這首浸著淚水的單曲。

MV裡，她一個人醒來，轉頭尋找枕邊已永遠缺席的人，眼淚逐漸盈眶。她洗臉、刷牙、整理家務，是結婚三十年來的日常，但要下廚時，一個人的餐突然沒了意思，機械式地掐著豌豆，煮幾道一個人吃的餐，眼淚拌飯，然後出門遛狗，任紅楓被風吹過腳邊。

MV畫面是照著歌詞來的，而歌詞，是來自鳳飛飛自己說的故事。「鳳姐心情非常不好，她不想面對媒體，但又有演唱會。我想，就把心情放在歌裡，大家就不用去問她了。」

陳國華人在台灣，鳳飛飛在香港，偏偏他總是晚上九點就寢，超過十點算熬夜，而她是「夜行性動物」，是越夜越美麗，於是他只好每天調鬧鐘，等待晚上十二點半的越洋電話。每次鬧鐘響起，被驚醒的他總有一瞬的「我在哪、我要做什麼」，一個月下來，終於把「時差」調過來，也不必靠鬧鐘了。

但鳳飛飛知道要做什麼，是要把心情放進一首歌裡，那是她對關心她的人說的話，這樣她就不用去面對很多人的探詢，因為即使是安慰，對她而言都是傷。

陳國華和鳳飛飛在電話中並不是公事公辦地談歌曲，反而都是在聊生活。他記得鳳姐會說起和先生如何認識、怎麼交往、生活模式如何，還有下了班就兩個老人手牽手去散步。

鳳飛飛也會說起先生過世後的一些生活和心境。那時她好瘦，因為都是一個人在家、面對一條狗，她總玩笑似地說：「把乾飯吃到變稀飯，因為一邊吃一邊掉眼淚，飯就糊糊的，一餐飯要吃很久，中餐變法餐。」

陳國華形容鳳飛飛的心情就是「百無聊賴」，悲傷的情緒很難抹去，即使隔著電話，還是能聽出她的落寞，他只好每天準備很多笑話，想辦法讓言談氣氛舒緩一些。陳國華其實很意外這樣子的明星竟然願意對未曾謀面的他敞開心房，或許也因為他是客觀的外人，在她身邊沒有人可以抒發心情時，有人可以給她全新、客觀的視角。

「想要跟你飛」也是她說出來的，原文是台語「想要跟你走」。陳國華勸慰她：「不能走的，要走去哪兒呢？」但「走」改成「飛」，淡化悲情色彩，還多了一點點浪漫想像。

陳國華譜曲，再把鳳姐的故事和心情轉告何啟弘，請他寫了詞，後來歌曲MV大致上是跟歌詞走。歌寫好之後，放給她聽，她在電話那端足足沉默一分鐘。

陳國華知道她在。他給她時間。

鳳飛飛說：「我不知要怎麼說，我說不出是什麼心情。歌沒有問題，但我不知道要怎麼辦。」她也問，怎麼不是寫「想要跟你走」？

陳國華告訴她：「不要悲情，不是哭調仔，妳是經過之後頓悟了。」

陳國華再找到新加坡的編曲泰倫斯，歌曲基本定調有氣質的鋼琴弦樂，而當初即考量到鳳飛飛是國台語雙聲帶，讓她自然切換。

哭泣的歌手

陳國華那時對鳳飛飛說：「我只要求妳一件事情，唱歌的時候，千萬不能哭。」哭了，那味道就不對了，就可惜了。

本來要在香港錄，是鳳飛飛說來台灣無妨，也許想暫時離開那個環境，大家聚在她台北的家，再聊了幾次，鳳飛飛也保證「盡量不哭」。

但是，怎麼可能？當心裡有這麼巨大的空洞時。

工作期間，鳳飛飛住在君悅飯店，陳國華去教唱、陪練歌，她就已經止不住淚水。大約是這段時間陪著她的都是陳國華和助理，聊的都是先生的事，所以她說：「我真的很痛苦，要我別哭很難受。」

講著講著就禁不住哽咽，說不出話來，人又瘦弱。陳國華看著這麼有氣質、很鄰家的大姊姊，「我們每一個人都很心疼她。因為我以前並不熟識她，所以我不是從製作人的角度，而是以弟弟的角色希望她好。」

終於進白金錄音室錄音，卻根本錄不了，因為鳳飛飛一開口就哭了，半小時後，陳國華只好喊暫停，兩個多小時後放棄了。一句都沒錄成。

錄音師鍾國泰是第一次跟鳳飛飛一起工作，嘆道：「鳳姐的淚水真多，麥克風都受潮了。」回去之後，鳳飛飛再次跟陳國華保證：「我明天一定會振作起來，一定不哭。哎呦，我怎麼那麼愛哭呢？」隔天再進錄音室。鳳姐信誓旦旦，「我準備好了」，結果是準備好再哭一天。即使所有人試圖要寶，還是沒錄起來，泡過淚水的聲音，就是不對。

鳳飛飛也很沮喪，因為自己聽也知道不對勁，本來想第三天再試一次，陳國華喊停了：「這樣不是辦法，這個歌詞是妳經歷一些事情、咀嚼過後放下了，但其實妳沒放下。」最後，鳳飛飛先回香港，陳國華聯絡了香港的錄音室、安排一位製作人，她在香港錄、他在台灣剪接。

果然就錄成了，也就是現在公開的版本，中間還是有幾句哽咽。陳國華說：「鳳姐以一個緩敘事的方式去唱，每一字每一句都像扎在她心裡面一樣痛。」

欠她一首歌

「這首歌已經不是歌了，其實在傳遞某一些訊息。」面對這首歌後來的回響，陳國華覺得能和鳳飛飛合作是他的榮幸，是她的文字、她的情緒、她的故事，帶領他寫出旋律、製作出這首歌。陳國華不敢自攬功勞，「大家說我這首歌寫得很好，不是，這就是鳳姐啊，是她才有，都是她給我的。」

陳國華非常榮幸可以在巨星人生的最後一個階段與之共事。兩人在錄音室裡，也有一張她淚崩之前的合影，當時都年輕，素顏也美，那張照片成為陳國華的珍藏。

雖然只是製作一首歌，花了比平時更多的一個月去聊、去共情，那是一種惺惺相惜。

過程中，在歌壇的輩分上、在人生的歷練上都屬於前輩的鳳飛飛，完全配合他，自己幾乎是零要求。陳國華回憶：「她像是一位小女生，很雀躍地問這句要這樣唱嗎、要那樣唱嗎、這樣不錯喔。」

絕對沒有擺出巨星架勢、不拿年紀和資歷壓人，非常尊重、願意聽取意見，如果這樣不行，她就說：「喔，好吧，我再來一次。」讓陳國華覺得她好可愛，她是認真想做好這件事，每次討論要怎麼錄音、怎麼編曲，這裡怎麼做、那裡放什麼，她都細細地作筆記。

除了工作上尊重專業，陳國華在與鳳飛飛煲了一個月電話粥後才見面，就發現她真的很呵護人，像親切的鄰家大姊姊。去她家，她忙進忙出倒水倒咖啡，不是差遣助理做，而是親力親為、非常多禮。這些，陳國華後來說給別人聽，眾人都不敢相信大明星竟能親切如斯。

〈想要跟你飛〉做完之後，鳳飛飛還邀請陳國華再幫她寫一首歌，是之後的廣告歌，她不趕時間、沒有給他截稿日期，所以他總想著「有空再做」，然後，這個

「有空」就沒有了。

原本合作結束後，兩人還偶有聯繫，鳳姐會打來問他在忙些什麼。但突然間就變少了，陳國華想，那可能是她生病時刻意為之，竟有兩、三個月斷了音訊。他隱約覺得不對勁，可是幾個月前工作時候她瘦但很健康，根本想不到會有後面的事。

後來陳國華去鳳飛飛靈前上香，擲筊跟逝去的她道歉：「姊姊，真的非常的對不起，妳給我的要求我沒有做到，我以為還有時間跟機會，但是人生無常，我沒有辦法完成妳的要求，我想做也沒了。那是我一輩子的遺憾。」

鳳姐精神

製作過眾多歌手的音樂作品，也擔任許多音樂評審，陳國華有專業的耳朵，他怎麼評鳳飛飛的聲音？

「她在大家心目中的位置，不只是歌手了，其實是一種精神，她的歌聲不是歌，她是在說一個態度跟一件事情。」陳國華解釋，比如說她會把一個趣味的動作跟歌曲變得很有畫面感，唱法就像講話一樣，那標誌性的「感謝您」就能展現出她的態度。

陳國華解釋，歌迷為什麼那麼迷她、那麼喜歡聽她的歌，「就是在迷她那個風情萬種的態度，她放在歌裡面，更能深化展現那個風情萬種的態度。」

也是說，單從聲音質地來說，鳳飛飛音域不特別高，也不走爆發力路線，她有迷人的中音域，但最折服人的不是因為她的音域，而是她這個人展現的態度，聲音和唱法就很有畫面感。

陳國華很讚嘆的是，鳳飛飛在舞台上是會「逗」人的，觀眾會被逗、會覺得鳳姐在跟我開玩笑、在跟我述說她的心境，觀眾把她當朋友、她也把觀眾當朋友，沒有距離感，她不會藉由這個距離而站到巨星的高點，因此每位觀眾都聽到如癡如醉、覺得身心靈都被洗滌過，「放眼當今的歌手，這樣的人，還真少有。」

陳國華的母親在看鳳飛飛時，會笑說：「她很好笑、很有趣喔。」的確，鳳飛飛在舞台上的自信和平常的她很不一樣，有霸氣，會調侃，遇到張菲、費玉清這些秀場老手也沒在怕，但明明私下的她，很有氣質、很細緻，甚至有時候還很「嬌羞」，不疾不徐、充滿魅力。

台上、台下是兩回事，陳國華回想，不曾在生活中看過她主持時的樣子，「這是她很清楚知道自己的表演魅力在哪裡，我想這就是一個藝人成功的地方。」

所以鳳飛飛可以紅四十年，她就是很多人的精神表徵。早年，很多媽媽姊姊們遇到生活不順遂，鳳飛飛就像是一個投射對象，只要聽到她的歌，他們的心情就會好起來；或是她可以帶領觀眾到另一個精神上的世界，這是觀眾在日常生活中欠缺的帶領。

陳國華在看鳳飛飛的節目、在她演唱會現場時參透到她這獨特的魅力，明星與觀眾的共鳴聯結在一起，這種特質在藝人身上多難得，放眼當今演藝圈，少有藝人能達到這一點，頂多是被包裝成偶像，而觀眾沒有辦法把自己投射成那個人。鳳姐如此之難得，陳國華說，在華語樂壇，鳳飛飛女神的地位無可撼動。

自己的一生

能做到鳳飛飛這樣的歌手，哪怕只有一首歌，是他的榮幸，也是準備半生的積累。

「我想我一輩子都在低潮吧。」但陳國華的「低潮」另有解釋，從佛教的角度出發，視任何事為修行，確信自己的使命是「來這個世界以音樂傳福音」；再以佛家言「成住壞空」結合老子的「反者道之動，弱者道之用」為座右銘，看透成敗盈虧，相信「我每天都困難，因為只要認真起來，就會發現每件事情都很困難。」陳國華如今不管在音樂界、劇場界，都抱持著「做善事」的心情，如果有人因為他的歌被啟發，他就會感到榮耀，「因為我的信仰是音樂，我一輩子都是為了藝術，我很專責在我的藝術上努力。」在和歌手的合作上，陳國華也強調信任度，例如跟楊培安的合作，至少製作了四張專輯，但從來不用對 key，他把楊的聲音當成一種樂器，寫完就編完歌，歌手就來錄，他相信歌手能唱上去、能做到。他與郭靜的合作也是如此，常讓歌手也意外：「你怎麼比我還對我有信心、你怎麼比我還了解我的聲音？」因為陳國華很強調要深入去了解歌手的聲線，替歌手創造他們在音樂世界的各種可能性去幫助他們。

陳國華這些正面的態度，後來也慰藉了鳳飛飛，在電話中、在錄音室，他告訴她：「這世上，沒有人能逃脫孤老。」

典範不再

再看當今演藝圈，陳國華嘆，網紅當道、流量為王，掌握這些的人就在媒體上擁有話語權，可是其實沒有太多的專業積累，「藝人的道德感被看得很輕，只有網紅、網黃，那不是藝人該做的事。」

陳國華想到鳳飛飛，藝人該是代表一種精神，是努力、充實自我、內化對身心靈有益的事，「從鳳姐身上看到的是一種屹立不搖的精神、努力不懈的態度，謙卑親切。」

「像鳳姐這樣的人、這樣的典範，很可惜，沒有了。」陳國華更遺憾的是，這樣的姊姊，不在了，世人也只能和他一樣，從她的歌曲、她的吉光片羽，去懷念鳳飛飛。

（方元／採訪）

2
0
1
1

從偽鳳迷到真鳳迷，嘆人間再無鳳飛飛

受訪者／黃子佼

有些歌聲，像時代的背景音樂，陪伴著一代人成長，初時只是習以為常，回望才發現那些音符已深入骨髓，再深究，竟是有著各種奇妙的緣分。

這是黃子佼在鳳飛飛歌聲裡感受到的，在她離世後，才真切發現斯人已遠，典型在夙昔，自己愛得太遲，讓他真正地從「偽鳳迷」晉升為「真鳳迷」。

奇妙的緣分

黃子佼和鳳飛飛在演藝圈裡是隔著輩分的，不過在她後來辦演唱會時，他已經是炙手可熱的記者會主持人，受邀主持鳳飛飛台語歌謠演唱會的記者會。

他沒有想到會接到那通電話，每天在做記者會的人，從沒想過會有超級巨星打來一對一順流程。「在我三十四年主持生涯裡，大概不超過二位，但我現在想不到第二位。」黃子佼記得當時又驚喜又敬佩，將車停到路邊，畢恭畢敬地接聽電話，並且憑著收藏癖的直覺，按下錄音鍵。

黃子佼仍清楚記得那段「如沐春風」的交談：「鳳姐像親切的大姊姊，很專業，很在意自己工作的質量，這些都讓我一輩子忘不了，也成為一個很好的典範。」他尊重這些在意自己工作的「職人」。

鳳飛飛甚至和他討論起記者會上兩人造型的搭配。在黃子佼看來，這不是大問題，甚至少有人會在意主持人的造型，沒想到鳳飛飛會注意這麼一件小事，這更表示她的思路縝密，事無巨細，都追求完美。

那次的記者會順利成功，但演唱會終是隨著她遽然辭世而沒能辦成，徒留遺憾。

二〇一二年第二十三屆金曲獎追加紀念鳳飛飛的節目，那也是黃子佼第一次主持金曲獎，兩人隔空同台了。

「那是什麼奇怪的緣分？」黃子佼的金曲獎主持處女秀，就碰到紀念鳳姐的浮空投影，另類地登上小巨蛋，這奇特的緣分讓他決定要重新認識鳳飛飛。在天后離開之後。

這一研究，又發現巧合。一九七二年三月，原本叫「林茜」的歌手首度以「鳳飛飛」之名推出唱片《祝你幸福》，同年同月，黃子佼出生。當然，那一個月出生的人不只他，但黃子佼還是相信，冥冥之中，他和鳳姐有緣，「或許我也賦予要傳承她音樂的使命。」

遠觀時的偽鳳迷

黃子佼曾經是「偽鳳迷」。

小時候會看鳳飛飛的節目，但他更常看張小燕的節目；會聽鳳飛飛的歌，可是聽金瑞瑤更多；不怎麼追星，只去過張小燕的錄影、上過陶大偉的節目、追過梅艷芳。而青春時期的黃子佼出於男生對美女的迷戀，喜歡的是楊林、金瑞瑤。

「但在那個年代，你根本不可能忽視鳳姐。」黃子佼細數，當年她做的綜藝節目，那些場景、畫面，還有招牌動作、各式各樣的帽子，不追星的人也不可能忽略她。等到他更大一點，看得懂了，更視鳳飛飛為學習目標和標竿，那是超越「喜歡」的「崇拜」。

可是當黃子佼進入演藝圈後，始終無緣親炙天后風采，因為當年若鳳飛飛要上電視，唱片公司也是精挑細選幾個大節目，輪不到初出茅廬的他；即使在一些節目後台遇到了鳳姐，晚輩如他也不敢上前打擾。

倒是有那麼一回在鳳飛飛面前模仿她，那是在張小燕的《快樂星期天》。黃子佼細數當時幾位很有特色的人物，如劉文正、高凌風、鳳飛飛，都是非常強大的存在，愛表演的他不可能不模仿，而且只要一模仿，共鳴會很大很強。

可是那一次當著本尊模仿，當時覺得很榮幸，事後回想只想掐死自己，「非常糗。」

現場的鳳姐當然是笑看年輕後進模仿她。黃子佼忍不住想，鳳飛飛大概會奇怪吧，她淡出又復出，同輩的那批人怎麼都不見了，怎麼出現這批人？

「我最遺憾的是沒能和鳳姐多接觸，輩分差太多了。」一直沒機會做真正深度的致敬或專訪，黃子佼二〇二一年在電台做了六集鳳飛飛特別節目，隔時空致意。

巨星的品格

黃子佼佩服鳳飛飛，身為巨星，但為人友善、親切，在那場無人預想到的最後記者會，也給他留下「好訪」的印象。畢竟她的資歷太深了，從秀場、綜藝到演唱會，而她身邊那群人，如許不了、張菲、趙樹海、費玉清，個個都是反應機靈，鳳飛飛和他們都能搭配無間，怎麼會為難後輩的他？

「她是一位全能藝人。」黃子佼後來慢慢拼湊出鳳飛飛的許多事跡，真的讚嘆這是一位全方位藝人，電視劇、電影、演唱、主持，甚至還以筆名「雅志」寫過歌，只能讚嘆：「原來，她真的什麼都會。」

例如主持。本身也是金鐘獎最佳主持人的黃子佼看得懂門道，在鳳飛飛那個時代，很多歌手也有自己的主持節目，如《劉文正時間》、張俐敏也主持綜藝，可是在他看來，鳳飛飛尤其把主持「很當一回事」，連短劇都認認真真演。《飛上彩虹》裡，鳳飛飛帶出「黃金五寶」、許不了。黃子佼就是因為看鳳飛飛的節目而愛上這些人，像是品質背書一樣，因為是鳳飛飛節目裡的 show，就一定是好的。

特別的是，在那個年代，鳳飛飛也算是帶著子弟兵，但她並沒有跟這些人簽合約、形成一個家族，而是像母雞帶小雞一樣形成「共好」。黃子佼形容：「她好像很『不安於室』，她很想要 do something，做點什麼事。」

再聽再看鳳飛飛當年的作品，黃子佼也深有所感，尤其那個時代的歌手都要有強大的實力，這讓他忍不住想問現在非耳麥不可的歌手，鳳飛飛那時候去勞軍也沒戴耳麥、照樣能走到觀眾區，當時的音響喇叭更不會有多好，她照樣唱得完美，這才叫功夫，這才是真歌手。

鳳飛飛腦中還有龐大的資料庫，信手拈來、張口就唱。在黃子佼收集的眾多復刻DVD裡，就有她跟費玉清、蔡琴在台視攝影棚就著大樂隊，講到什麼就唱到什麼，即使經過彩排，可是要跟上現場樂隊也要靠功夫。

還有一段是鳳飛飛跟楊麗花演歌仔戲，也讓黃子佼嘆為觀止。他在網路上買了一套CD加DVD，是一些台視節目的剪輯精華版。他特別去研究鳳飛飛是不是在看大字報，結果人家演戲，眼睛該看上看下、看楊麗花，該怎樣就怎樣，沒在看大字報，顯然將台語的唱詞和口白都背了下來。

在黃子佼看來，最最難得的是鳳飛飛對於表演事業的熱情，因為不少大明星在奉獻舞台多年後，到人生某個階段會選擇「過日子」，「可是鳳姐那時還心心念念台語歌謠上巨蛋，她對於整個環境、對於娛樂圈，是有責任感的。」

這就是黃子佼說的「do something」，明明台語歌謠的傳承不是她一人的責任，可是她就是覺得應該做點什麼。這樣的人會很累、很自苦，但不是人人可為，需要有高度的人來做才會達到最大的力量，鳳飛飛正是這樣的人。

相較於同時期眾多歌手來說，鳳飛飛因為出身純樸，又獲大批女作業員支持，的確曾被貼上「土氣」的標籤，但鳳飛飛始終一笑置之，也不覺得唱國語或台語歌有高下之分，一直對台語歌有使命感，也因此想帶著台灣歌謠上小巨蛋的想法，只可惜壯志未酬。

黃子佼感佩她的這份心意：「鳳姐有傳承、記錄、把台語歌謠帶進殿堂的責任感，這些都是後來我從偽鳳迷變真鳳迷的原因。」

太晚愛上她

黃子佼是收藏控，有各種奇奇怪怪的收藏，當然會去蒐集年少偶像的黑膠唱片，但只有對鳳飛飛這樣的巨星，他「迷戀」到連各種周邊都買回來，包括黑膠、DVD，甚至在無肖像權觀念的當年出現的那種貼有她照片的老式梳妝鏡。

尤其新冠肺炎疫情以來，黃子佼有更多時間逛網路，二〇二二年三月還找到一位在馬來西亞的賣家，品項多且好，因為當年鳳飛飛很多唱片有不同於台版的新馬版，封面、曲子、編曲、甚至咬字都不一樣，這次發現大馬有好貨，立刻下單，然後帶到電台分享給聽眾。

「我也有一種莫名的使命感出現了，好像我必須把它帶回家，我不想它流落在不是真正愛鳳姐歌的賣家手上。」黃子佼形容，自己收藏這些東西，就像是天涯海角把失散多年的孩子帶回台灣，那個感覺很神聖。

幾年下來，黃子佼收藏的數量也許不及真正的鳳迷，但也有數十張鳳飛飛的黑膠唱片，也總是在他以為收得差不多時，又出現各種夢幻逸品，有些價格更是漲到他也買不下手的天價。近期則熱衷收集上世紀八〇年代歌林唱片發行的月曆，其中包括鳳飛飛與鮑正芳、張艾嘉、黃鶯鶯一眾明星。

這樣算來，黃子佼真的是在鳳飛飛過世之後才開始研究她，「因為，不會再有了。」

一首鳳姐的歌

不會再有了，所以要〈好好把握〉，這也是黃子佼在鳳飛飛眾多經典作品中最愛的一首；而她的遺作〈想要跟你飛〉，則是連他聽了也會落下男兒淚。兩首歌中間可能差了三十年，一樣唱進他的心裡。

黃子佼還推薦〈自我挑戰〉，這是鳳飛飛作品中較冷門的一首，翻唱自日本玉置浩二。在他看來，她唱這首歌，就像歌名一樣，也是自我挑戰，因為她想改變、想做新潮一點的東西，因此形成「鳳飛飛唱玉置浩二」這有趣的結合，即使可能因歌路改變而影響銷路，鳳飛飛勇敢去試。

還有後來跟羅大佑合作〈心肝寶貝〉，一樣是勇敢的嘗試。而這張《心肝寶貝》很成功，如今網路價飆得極高，識貨者太多，黃子佼也買不下手。

他喜歡〈好好把握〉和〈自我挑戰〉，是感受到其中的能量，在他每次相對低潮的時候，聽這些歌就感覺重新獲得能量。

至於很多人喜歡的〈好好愛我〉，是擷取日本高中正義〈The Sunset Valley〉演奏曲的一段，衍生出全新國語歌。這讓聽歌喜歡進行「族譜」研究的黃子佼很是震撼，原來所謂的翻唱 cover 可以不只是 cover，對自己音樂應該具有決策權的鳳飛飛慧眼選中這些歌，真的很前衛。

鳳姐是傳奇

在華語歌壇，古今往來，提到「帽子歌后」，只有鳳飛飛。這是她的象徵、她的符號。

「她很早就知道要有一個符號。」黃子佼說，當代的韓國偶像團體會在團名上頻繁利用「符號學」樹立鮮明的風格，在鳳飛飛那個年代可能還沒有「符號學」的概念，但她已經開始經營屬於自己的符號，傳遞「鳳飛飛」的訊息。

黃子佼說：「她就是一個『鳳飛飛』的設計師，她知道怎麼設計一個鳳飛飛。」求新求變，自我突破，不怕失敗，要超越別人，也超越自己，有時戴帽子有時不戴，有時候女性化、有時再加褲裝，種種都是她的 icon、她的符號。

就像那個時代很多藝人唱翻譯歌，可是鳳飛飛敢選玉置浩二，相對不那麼「泡泡糖」、沒那麼琅琅上口，黃子佼真的佩服，鳳飛飛的眼界很開闊，很勇敢地去開拓各種可能性。

就像DVD裡鳳飛飛、蔡琴、費玉清，三人說說唱唱，也讓黃子佼感慨：「不會再有了。」下一代的藝人不再有如此底蘊，明星、唱片公司和經紀人、媒體思維等等，都不一樣了，再也不會有這樣的巨星合體，實力相當地演出。

因此，黃子佼給鳳飛飛在華語歌壇的定位是「傳奇」，女神、天后都已經不足以形容，「傳奇，就是很難複製、難以取代。」這和養成和時代有關，華人圈當然還有很多巨星，可是能像鳳飛飛這樣全方位的，真的是少數。

但又彷彿是「傳奇」的悖論，鳳飛飛還像「家人」，雖然她先一步離開，但頭髮斑白的眾多鳳迷們不曾散去，一樣愛著她，「因為她像家裡的姊姊，superstar可能因遙遠被淡忘，可是你永遠不會淡忘家人。」

所以鳳飛飛是傳奇，但也像家人一般的存在，明明像遙遠的巨星，可是卻親和如家人。黃子佼下的注解是「觀眾緣」，這正是藝人一生追求的「觀眾好感度」，而鳳飛飛絕對是箇中翹楚，既有作品，又有觀眾緣。

鳳姐典範永流傳

鳳飛飛走了十年，黃子佼轉成「真鳳迷」也超過十年，他在著急，著急該如何讓下一代依舊喜歡跟流傳這位巨星的歌和故事。

不能是硬塞給下一代，因為每個時代都有各自的審美和心態，有些造型、歌路、編曲就是老了，但這一輩終會老去，要如何把屬於台灣資產文化的東西傳承下去、如何不讓傳奇被時代淹沒，正是黃子佼最焦慮的事。

這些事要靠有能力的新生代，也許是透過NFT、翻唱等等手段，就像竹內瑪麗亞的〈Plastic Love〉因一位韓國DJ而全球爆紅，帶動city pop又出了一堆唱片，變成年輕人也覺得很潮的音樂，也許有一天，鳳飛飛的歌也能不斷地被cover出讓新世代接受的新作品，不只是復刻，因為復刻賣的還是中老年人。

讓新世代、讓海內外都能重新聽到鳳飛飛、愛上鳳飛飛，一如黃子佼，在鳳姐在的年代沒有真正地親炙本人，只是浸淫在鳳姐的音樂裡，直到斯人遠去，才開始欣賞、喜愛、崇拜其人其歌，感恩曾經有這樣如家人般存在的「傳奇」。

（方元／採訪）

後記

掌聲想起　鳳飛飛

策劃統籌　焦惠芬

十年了，好快！時間總是在回首時，才察覺其消逝無蹤，怪不得時間的量杯以「光陰」來敘述，原來是以光速計啊！年過半百後，深感古人諺語無一不真、句句應驗，每天都會有妥切的金句可作為一日謝幕感言。因此，此時不做，更待何時？然，不想從出生年月日、地點當作開始的第一行，所以從鳳飛飛生命中的有緣人下手，藉由訪談的方式，輕鬆地聊他們與鳳飛飛的交集，同時帶出時空背景與當下在各個不同產業領域的事件，將鳳飛飛的歌唱生涯嵌入，透過一篇篇的訪問與文字整理後，讓大家從習以為常的電視螢幕、演唱會舞台以外的視角，「立體化」的了解鳳飛飛。同時顧慮到現代人不耐久讀，因此隨時想讀就把書拿起來看幾篇，覺得眼睛累了，或需要感嘆一下自己的人生，就先深呼吸，下次再看；也或許同一篇在不同的時間、空間讀，會因心境或遭遇而有不同的感觸，激發出不同的領悟。

在紙質上，跟出版社討論希望是重量輕的，可以放包包裡，放棄電子書版本，希望書的扉頁能留下您手指的溫度，撫摸著書，透過文字的力量，給您面對困難的勇氣。鳳飛飛，一個國中畢業就三餐不繼去歌廳唱歌賺錢的小女生，能闖出一片天，成為家喻戶曉的明星，靠的是自己咬牙流淚，並克服最大的敵人——自己。原來，所有的動力都在你的身體裡啊。跟鳳飛飛一樣，釋放你的力量吧！拿出面對困難的勇氣！！希望這本書也是你的勇氣之書。

這本書的前置工作並不算順遂，同時也有時間上的壓力；設定好的受訪著，或時間不剛好、或消失、或遭逢病痛、甚至已不在人世，或有遺珠未訪問者，或因疫情無法親訪只能隔著電話分秒挖掘著過往……，但總算一切自在坦然，畢竟人生總有遺憾、疏漏，幸能問心無愧、盡人事聽天命。

鳳飛飛小時候家境並不富裕，留下的照片不多，網路上能找到的幼時頁面，卻苦尋不著照片。鳳飛飛的獨子趙彣霖先生在訪談中提到媽媽會隨手在筆記上寫下關於錄音、演唱會的檢討與工作事項，還有自己手繪的服裝設計圖，非常可惜的在香港家中、倉庫都遍尋不著，但卻在台北家中尋得鳳姐婚前寫給趙先生的情書一封，笑岔眾人，趙彣霖更是萬分驚恐，沒想到嚴父嚴母有過如此浪漫之舉。另又獲鳳飛飛與趙先生出遊小鳥依人照，也是難得一見。怪不得趙先生走了之後，鳳飛飛說，吃著飯流著淚，淚水滴到飯裡面拌著吃，再看看那些合照，不免一起傷感起來。

鳳飛飛行事低調，一生中交友無數，能真正談到心裡去的寥寥可數，這次訪問到的香港蔡縣貞女士，最常回答的一句話就是：「我不能說。」而現任慈善基金會執行長的前助理詠淳，最常說的是：「這不能講出去。」或回以眨眼微笑；資深媒體記者王祖壽先生告訴我，幾次在報社截稿下班後，跟鳳飛飛從晚上聊到凌晨，然後咧？就句點了！沒繼續說他們聊了什麼。這些人的嘴巴都有縫拉鍊的！怪不得鳳飛飛可以放心跟他們說。

當然也有因為這次訪問，得知許多驚人的事實，但是，鳳姐守了一輩子，憑什麼要在這本書寫出來？三位作者下筆都很注意禮儀，該含蓄的含蓄，該圓融的圓融。幾番來回，不免感到躊躇，到底這本書能給大家什麼？是秘辛？還是根本不想要設定為傳記的生平？我個人認為，是一本從一九六三年到二〇一一年的故事書，同時也是部分的台灣流行音樂通俗史，而你會看到鳳飛飛的身影橫跨這些年代，驚覺她的歌聲竟是如此陪伴我們，成為流動在我們身體裡的一部分；如同俞凱爾先生說的，「飛飛沒有離開我們，她只是搬家，搬到我們心裡」；鳳迷少菁則是規劃鳳踏之旅，聽著歌，踏著鳳姐的足跡，跟其他鳳迷一起繼續吸著鳳姐呼吸過的空氣，開心的繼續牽手走下去。

在這次的訪談與挖掘之旅，拼湊了遺失的圖卡，才了解到鳳飛飛即使已確診肺癌，竟然仍想要把台灣歌謠演唱會完成，後來因為練唱時發現失聲才願意放棄，正式公布取消。也才了解到，鳳飛飛的個性竟然如此低調，但卻也強勢主導，勢必達成自己設定的目標，不願意留下任何悔恨。鳳飛飛遺願就是藉由成立財團法人鳳飛飛慈善基金會，繼續捐助弱勢團體，她不希望有人跟她一樣，因為困境而受限。

既然是後記，就來講個秘辛好了！有了出這本書的念頭後，幾次難以下定決心，本想作罷，當晚夢到鳳姐（第一次），夢境有如微電影，我跟鳳姐在開會，她有些想事情時的手部小動作，如同特寫一般被放大與對焦，十個指尖碰碰對對，醒來仍歷歷在目。我起身坐在床沿，生氣的說：「好啦！我做！」

當我們到大溪做訪問與拍攝時，到了鳳姐故居的巷口旁福仁宮廣場，看到大溪國小學生成群結隊經過，心生一計，想跟老師商量可否請小朋友走入巷子往故居走去，讓攝影師跟在後面拍攝一個個可愛學弟妹背影，沒想到還沒開口，老師就說：「小朋友，你們知道這巷子裡面曾經住了一位你們的學姊，後來是家喻戶曉的鳳飛飛嗎？我們去看看。」帶隊老師還唱了〈祝你幸福〉。當下我們都起了雞皮疙瘩，攝影師也馬上扛起機器跟在小朋友屁股後面；淚水模糊中，好像看到那個「一陣風小女生」也蹦蹦跳跳的走在其中。

在籌劃這本書的期間，遇見許多溫情與堅定的支持，感謝您！

- 財團法人鳳飛飛慈善基金會
- 桃園市政府文化局
- 大大國際娛樂股份有限公司
- 台北六福萬怡酒店
- 黑橋牌企業股份有限公司
- 大房食品股份有限公司
- 新視紀整合行銷股份有限公司
- 影匠苑整合行銷有限公司
- 何厚華
- 王祖壽（稿費捐贈財團法人鳳飛飛慈善基金會）
- 鄭明裕
- 梁偉華

附録

飛飛金句

1. 女人老了可以長皺紋，不可以長肥肉。
2. 誰都有困難，要有勇氣克服才是真本事。
3. 不是要滿足別人的要求，是要達到自己的要求。
4. 想要做成功的事，就是要早點想各種方法，早點開始做，才有時間犯錯。
5. 一練再練，練到沒有錯誤就要開始熟練。
6. 最困難的是：一個開始、一個結束。
7. 一個人決定要如何生活及看待自己的人生，都是他自己選擇的。
8. 不怕自己做過後悔，只怕自己不做後悔。
9. 機會是留給準備好的人。
10. 一個歌者，能跟歌迷們白頭偕老，那是多麼美好的一件事。
11. 想好目標，不只是自己要努力，也要努力讓大家一起去實現。

12. 今天的我，超越昨天不落後。

13. 全世界，最不喜歡等人的，就是機會。

14. 不是每件事都可以重來。

15. 在生活中挺直腰桿深深呼吸，期待在下一首歌有更完美的相遇。

16. 從年少至今，有一件事情我一直堅守著，就是為歌唱而唱歌。

17. 勇氣、信心都來自嚴峻考驗的啟發。

18. 每天都有不想看的新聞，不盡理想的事，但我們應更積極進取的迎接每一天。

19. 世紀疾病折磨我們的心靈，發生過的一切苦難，會產生另一種更豐盛的乳酪出來。

20. 感動就是下次出發的力量。

21. 我還是會一直努力，一直準備、做功課，保持實力與新鮮感，等機會到來的那一天。

22. 有能力之後就要做能改變的事。

23. 有挑戰，有成果。有感動，有歡樂。有目標，有豐收。有健康，有幸福。

24. 萬事起頭難，但是結束，真的比開始更難。

25. 昨日的流水年華已劃下圓滿句點，今日的流水年華，我們來訂下目標。

演藝大事紀

電視

（資料來源鳳飛飛官網）

1976

・3月　台視《歌星之夜》

1977

・2月18日　台視《抬頭見喜》

1978

・2月6日　台視《飛來福》

1980

・11月9日　中視《鳳飛飛專輯》
・12月28日　中視《殘障年愛心義演會》

1981

・2月4日　中視《鳳舞龍翔》
・5月10日　中視《五月的溫馨》
・11月8日　中視《鳳兒有情》

1982

・1月24日　中視《鳳情千千萬三民主義飛向大陸義演》
・9月18日　中視《湄南遊記》
・10月25日　中視《鳳懷鄉土情（一）》

1983

・3月27日　中視《你來了》
・10月25日　中視《鳳懷鄉土情（二）》
・12月　中視《浯江春曉》

1984

・2月　中視《又見彩虹》
・10月25日　中視《鳳懷鄉土情（三）》

1985

・10月9日　中視《四海同心》

1986

・10月12日　台視《有鳳來儀》
・9月　台視《彩虹飛月》
・11月 華視《好歌大家唱》

1991

・3月31日　台視《鳳飛飛專輯：浮世情懷》
・12月　台視《鳳飛飛專輯：今天的女人和昨女孩》

1992

・9月 中視《鳳飛飛專輯：想要彈同調》
台視《山水有情：環保之夜》

1995

・2月　台視《鳳飛飛專輯：驛站．陪傷心人說往事》

綜藝節目（主持）

1976

·7月10日 台視《我愛周末》

1977

·4月30日 中視《你愛周末》

1978

· 7 月 9 日 中視《一道彩虹》

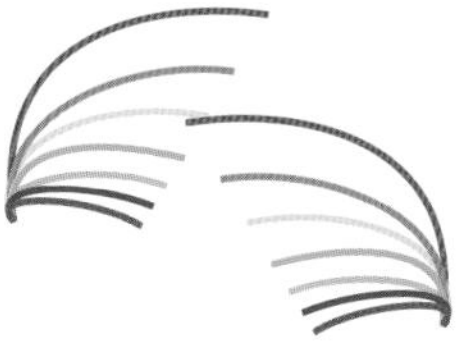

1984

·8月11日 中視《飛上彩虹》

1987

· 6 月 14 日 台視《我愛彩虹》

1997

·4月20日 台視《飛上彩虹》

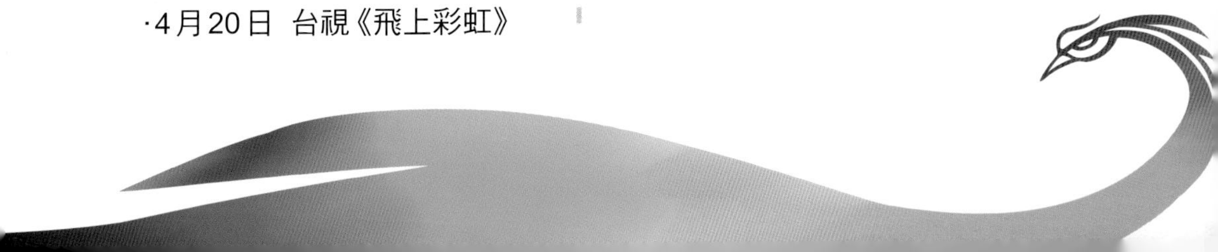

唱片專輯

1972

- 3 月出版第 1 張唱片《祝你幸福》
- 6 月出版第 2 張唱片《五月的花》
- 9 月出版第 3 張唱片《我沒有錯》

1973

- 3 月出版第 4 張唱片《串串風鈴響》
- 6 月出版第 5 張唱片《愛的禮物》
- 9 月出版第 6 張唱片《你是否忘記了》
- 12 月出版第 7 張唱片《花謝花飛飛滿天》
- 12 月出版第 8 張唱片《桃花又盛開》

1974

- 3 月出版第 9 張唱片《愛要讓他知道》
- 4 月出版第 10 張唱片《敲敲門》
- 6 月出版第 11 張唱片《碧城故事》
- 9 月出版第 12 張唱片《又是秋天》
- 10 月出版第 13 張唱片《雪花片片》
- 12 月出版第 14 張唱片《十七、十八》
- 12 月出版第 15 張 8 吋唱片《雲飛何處》（合輯）

1975

- 3 月出版第 16 張唱片《巧合》
- 3 月出版第 17 張八吋唱片《情場就是戰場》（合輯）
- 5 月出版第 18 張唱片《金鑲玉》（合輯）
- 7 月出版第 19 張唱片《鄉下畢業生》（合輯）
- 8 月出版第 20 張唱片《微笑》
- 12 月月出版第 21 張唱片《呼喚》

1976

· 1 月出版第 22 張唱片《意難忘 / 懷念老歌》
· 3 月出版第 23 張唱片《楓葉情》
· 3 月出版第 24 張唱片《不一樣的愛》
· 6 月出版第 25 張唱片《溫暖在秋天》
· 6 月出版第 26 張唱片《懷念 / 懷念老歌》
· 7 月出版第 27 張唱片《夏日假期玫瑰花》
· 9 月出版第 28 張唱片《明天二十歲》
· 9 月出版第 29 張唱片《山鷹》（合輯）
· 10 月出版第 30 張唱片《落葉飄飄》
· 10 月出版第 31 張唱片《祝你幸福 / 海山金唱片 1》
· 10 月出版第 32 張唱片《碧城故事 / 海山金唱片 2》
· 10 月出版第 33 張唱片《巧合 / 海山金唱片 3》
· 10 月出版第 34 張唱片《又是秋天 / 海山金片 4》
· 10 月出版第 35 張唱片《楓葉情 / 海山金唱片 5》
· 10 月出版第 36 張唱片《落葉飄飄 / 海山金唱片 6》
· 10 月出版第 37 張唱片《花謝花飛飛滿天 / 海山金唱片 7》
· 10月出版第38張唱片專輯《意難忘 / 海山金唱片8》
· 10 月出版第 39 張唱片專輯《懷念 / 海山金唱片 9》
· 10 月出版第 40 張唱片專輯《星語》
· 11 月出版第 41 張唱片專輯《王昭君 / 懷念金曲》

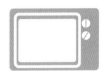

1977

· 1 月出版第 42 張唱片《我是一片雲》
· 3 月出版第 43 張唱片《心酸酸 / 台灣歌謠 1》
· 6 月出版第 44 張唱片《奔向彩虹》
· 12 月出版第 45 張唱片《月夜嘆 / 台灣歌謠 2》

1978

· 1 月出版第 46 張唱片《月朦朧鳥朦朧》
· 5 月出版第 47 張唱片《花有情花有愛》
· 8 月出版第 48 張唱片《晨霧》
· 11 月出版第 49 張唱片《一顆紅豆》
· 12 月出版第 50 張唱片《阿里郎 / 懷念歌曲》
· 12 月出版第 51 張唱片《玫瑰玫瑰我愛你》
· 12 月出版第 52 張唱片《夜來香》
· 12 月出版第 53 張唱片《蘋果花》

1979

· 2 月出版第 54 張唱片《雁兒在林梢》
· 6 月出版第 55 張唱片《春寒》
· 10 月出版第 56 張唱片《又見秋蓮》
· 12 月出版第 57 張唱片《西北雨 / 台灣民謠 3》

1980

· 3 月出版第 58 張唱片《金盞花》
· 11 月出版第 59 張唱片《就是溜溜的她》

1981

· 2 月出版第 60 張唱片《愛你在心口難開》
· 4 月出版第 61 張唱片《鳳飛飛精粹》
· 10 月出版第 62 張唱片《好好愛我》

1982

· 1 月出版第 63 張唱片《鳳情千千萬 - 紀念專輯》
· 7 月出版第 64 張唱片《我是中國人》
· 8 月出版第 65 張唱片《鑼聲若響 / 台灣民謠 4》
· 12 月出版第 66 張唱片《你來了》

1983

· 4 月出版第 67 張唱片《出外的人》
· 8 月出版第 68 張唱片《相思爬上心底》
· 12 月出版第 69 張唱片《不知怨》

1984

· 7 月出版第 70 張唱片《夏的季節》

1985

· 4 月出版第 71 張唱片《彤彩》

1986

· 1 月出版第 72 張唱片《自我挑戰》
· 9 月出版第 73 張唱片《掌聲響起》

1987

· 6 月出版第 74 張唱片《什麼樣的你》

1988

· 2 月出版第 75 張唱片
《鳳飛飛演藝生涯廿週年精選輯 · 上、下》

1990

· 2 月出版第 76 張唱片《浮世情懷》

1991

· 11 月出版第 77 張唱片
《今天的女人和那昨天的女孩》

1992

· 8 月出版第 78 張唱片《想要彈同調 1》

1994

·8 月出版第 79 張唱片《陪傷心人說往事》

1995

· 6 月出版第 80 張唱片專輯《思念的歌 / 想要彈同調 2》

1997

· 6 月出版第 81 張唱片專輯
《想要彈同調精選輯》

2004

鳳飛飛 2003 演唱會 現場錄音專輯

2009

· 12 月出版 《想要跟你飛》新歌加精選

電影、獎項及重要活動

1968

· 參加中華電台歌唱比賽，榮獲第一座冠軍獎盃

1969

· 以林茜之名首次登台於台北雲海酒店

1970

· 駐唱於台北真善美、小麒麟、新加坡舞廳等地

1971

· 第一首歌〈初見一日〉收錄於歌林金曲獎唱片專輯中

1972

· 易名「鳳飛飛」。參加華視閩南語連續劇「燕雙飛」演出

1974

· 首次赴新加坡演唱。榮獲東南亞十大歌星之一。

1975

加盟台視

1976

· 首度赴日宣慰僑胞
· 榮獲綜合周刊舉辦第一屆「金像獎」最受歡迎歌星榜首。

1977

· 《我是一片雲》唱片銷售量突破四十五萬張，獲歌林唱片公司頒贈第一張金唱片
· 由綜合周刊出版第一本專輯－鳳飛飛的感情世界

1978

· 首次赴金門勞軍
· 赴美蓋瑞郡德球場為中華青少棒隊加油，親任啦啦隊隊長
· 參加台灣同鄉聯誼會首屆年會
· 應新加坡總理夫人之邀，赴星洲國家劇場開個人慈善義演演唱會
· 美共建交，捐愛國自強基金一百二十萬

1979

- 元月赴紐約主持自由藝人愛國慈善義演會，義賣鑽戒和帽子，返國後獲海工會、文工會、新聞局頒獎表揚
- 榮獲首屆你我他周刊舉辦「金嗓獎」最受歡迎歌星
- 〈流水年華〉當選「金嗓獎」最受歡迎歌曲
- 再獲綜合周刊《金像獎》最受歡迎歌星
- 主演第一部電影《春寒》
- 11 月推出第二部電影《秋蓮》

1980

- 蟬聯第二屆「金嗓獎」最受歡迎歌星榜首
- 8 月舉行第一次巡迴演出，分別在台北狄斯角、台中聯美、台南元寶、高雄喜相逢登台表演
- 美國第一夫人羅沙琳・卡特贈簽名照及祝福語
- 拍攝第三部電影《鳳凰淚》

1981

- 27 歲，于歸香港趙家
- 第四部電影《就是溜溜的她》於春節上映
- 7 月赴美領取中華文化基金會所頒贈之「玉音獎」
- 榮獲「華盛頓榮譽市民獎」和「馬里蘭州榮譽市民獎」
- 美國參議員馬賽爾斯贈送簽名及白宮圖片獎狀，同時華盛頓訂是年的 7 月 21 日為「鳳飛飛日」
- 蟬聯第三屆「金嗓獎」最受歡迎歌星榜首
- 8 月 14 日獲新聞局頒贈「銀盤獎」嘉勉
- 10 月以僑胞身分返國參加國慶閱兵大典，獲僑委會頒贈「愛國僑胞獎」
- 赴台中潭子及高雄楠梓加工出口區訪問，被譽為「勞工天使」

1982

- 1 月 10 日在台北國父紀念館舉行「鳳情千千萬義演會」
- 第五部電影《風兒踢踏踩》於春節上映
- 3 月 13 日榮登「金鐘獎」最佳女歌星寶座
- 5 月 1 日當選模範勞工，獲文工會頒獎表揚
- 蟬聯第四屆「金嗓獎」最受歡迎歌星榜首
- 10 月返國擔任金馬獎頒獎人

1983

- 3月再度蟬連「金鐘獎」最佳女歌星獎
- 《鳳情千千萬》獲社會建設獎
- 3月拍攝第六部電影《四傻害羞》
- 蟬聯第五屆「金嗓獎」最受歡迎歌星榜首
- 7月2日於中山醫院開刀治療多年耳疾
- 8月7日於來來香格里拉大飯店參加全省歌迷舉辦的30歲「鳳飛飛慶生會」並成立「鳳之友聯誼會」
- 11月為歌林拍攝的『舞獅打陀螺』廣告片獲得世界優良廣告選拔賽「銀盤獎」

1984

- 響應「送炭到泰北」活動。在星馬舉行歌友聯誼會，人數高達七萬人，盛況空前
- 蟬聯第六屆「金嗓獎」最受歡迎歌星榜首
- 7月30日獲得美國聖地牙哥大學「國際知名藝人榮譽獎」，美國雷根總統親函致賀
- 8月赴美舉行四場慈善義演，並接受「國際知名藝人榮譽獎」之頒獎

1985

- 5月獲新加坡最受歡迎藝人榜首
- 蟬聯第七屆「金嗓獎」最佳歌星榜首

1986

- 蟬聯第八屆「金嗓獎」最佳歌星榜首

1989

- 2月初喜獲麟兒趙彣霖

1991

- 單曲〈追夢人〉在新加坡蟬聯八週排行榜冠軍
- 〈心肝寶貝〉入圍「金曲獎」年度最佳歌曲
- 單曲〈回家的路我會自己走〉獲選為新加坡SBC電台年度大戲插曲

1993

- 應邀返台參加第30屆金馬獎晚會頒獎人
- 為侯孝賢執導的《戲夢人生》演唱電影插曲——〈寫佇雲頂的名〉

感謝您，為自己努力的勇氣

INK PUBLISHING
People 20
掌聲想起 鳳飛飛

採訪撰稿　方　元　王美代　梁岱琦
圖片提供　財團法人鳳飛飛慈善基金會　大大國際娛樂股份有限公司
左右文化有限公司
王祖壽　王麗香　李靜美　邱秀蓮　俞凱爾　蔡縣貞
策劃統籌　焦惠芬

總 編 輯　初安民
責任編輯　宋敏菁
美術編輯　黃昶憲　陳淑美
校　　對　吳美滿　焦惠芬　宋敏菁

發 行 人　張書銘
出　　版　INK印刻文學生活雜誌出版有限公司
新北市中和區建一路249號8樓
電話：02-22281626
傳真：02-22281598
e-mail: ink.book@msa.hinet.net
網　　址　舒讀網http://www.inksudu.cc

法律顧問　巨鼎博達法律事務所施竣中律師
總 經 銷　成陽出版股份有限公司
電　　話　03-3589000（代表號）
傳　　真　03-3556521
郵政劃撥　19000691 成陽出版股份有限公司
印　　刷　海王印刷事業股份有限公司

港澳總經銷　泛華發行代理有限公司
地　　址　香港新界將軍澳工業邨駿昌街7號2樓
電　　話　852-27982220
傳　　真　852-27965471
網　　址　www.gccd.com.hk

出版日期　2022年9月　初版
ISBN　978-986-387-610-6
定價　480元

國家圖書館出版品預行編目資料

掌聲想起 鳳飛飛
／方元 王美代 梁岱琦 採訪撰稿.
--初版．–新北市中和區：INK印刻文學，
2022.09 面； 17 × 23公分. --（People；20）
ISBN 978-986-387-610-6（平裝）
1.鳳飛飛 2.歌星 3臺灣傳記 4.訪談
783.3886　111013142